TEOLOGIA EM SAÍDA

Obra póstuma do teólogo
AFONSO M. L. SOARES

TEOLOGIA EM SAÍDA

Obra póstuma do teólogo
AFONSO M. L. SOARES

Para reaprender a aprender com as
religiões e suas vivências plurais

Dados Internacionais de Catalogação na Publicação (CIP)
(Câmara Brasileira do Livro, SP, Brasil)

Soares, Afonso Maria Ligório, 1960-2016
Teologia em saída : para reaprender a aprender com as religiões e suas
vivências plurais / Afonso Maria Ligório Soares. -- São Paulo : Editora
Paulinas, 2017. -- (Coleção nuvem de testemunhas)

ISBN: 978-85-356-4307-7

1. Ecumenismo 2. Fé e razão 3. Igreja Católica 4. Reflexões -
Ensinamento bíblico 5. Religião e ciência 6. Sincretismo (Religião)
7. Teologia I. Título II. Série.

17-04536   CDD-215

Índice para catálogo sistemático:

1. Religião e ciência   215
2. Teologia e ciência   215

1ª edição – 2017

Direção-geral:	*Flávia Reginatto*
Conselho editorial:	*Dr. Antonio Francisco Lelo*
	Dr. João Décio Passos
	Maria Goretti de Oliveira
	Dr. Matthias Grenzer
	Dra. Vera Ivanise Bombonatto
Editores responsáveis:	*Vera Bombonatto e João Décio Passos*
Copidesque:	*Ana Cecilia Mari*
Coordenação de revisão:	*Marina Mendonça*
Revisão:	*Sandra Sizato*
Gerente de produção:	*Felício Calegaro Neto*
Projeto gráfico:	*Jéssica Diniz Souza*
Capa e diagramação:	*Claudio Tito Braghini Junior*
Imagem de capa:	*Raquel Oliveira*

Nenhuma parte desta obra poderá ser reproduzida ou transmitida
por qualquer forma e/ou quaisquer meios (eletrônico ou mecânico,
incluindo fotocópia e gravação) ou arquivada em qualquer sistema ou
banco de dados sem permissão escrita da Editora. Direitos reservados.

Paulinas
Rua Dona Inácia Uchoa, 62
04110-020 – São Paulo – SP (Brasil)
Tel.: (11) 2125-3500
http://www.paulinas.org.br – editora@paulinas.com.br
Telemarketing e SAC: 0800-7010081
© Pia Sociedade Filhas de São Paulo – São Paulo, 2017

Sumário

PRÓLOGO, DIÁLOGO E EPÍLOGO – João Décio Passos 7

PREFÁCIO PARA ENSAIAR A SAÍDA 19

INTRODUÇÃO: MAPEANDO O PERCURSO 45

1. DE UMA TEOLOGIA SEM SAÍDA À TEOLOGIA EM SAÍDA 65

De volta à beata insegurança 65
Entre a ousadia crítica e o devido respeito
ao Magistério 73
Hermenêuticas em conflito 80
Mysterium Ecclesiae e o difícil caminho do ortodoxo
ao veraz 88

2. DO CATOLICISMO ÀS TRADIÇÕES AFRICANAS 97

Na escola do diálogo 99
Consonância com a tradição 104
Serenas conquistas teológicas? 108
A criatividade das múltiplas experiências cristãs 111
A fé sincrética 115
As mil faces do amor 121

3. DAS TRADIÇÕES AFRICANAS ÀS TRADIÇÕES
AFRO-BRASILEIRAS 127

Uma criatividade religiosa desconcertante 129
O sincretismo, esse velho conhecido dos cristãos 142
As lições de pai Simbá 154
Teologia afro-brasileira
e teologia do sincretismo 160

4. A TEOLOGIA INTERCONFESSIONAL ENTRE O
SINCRETISMO E A TRADIÇÃO.. 167

Sincretismo como pluralismo em ato 169

A teologia do sincretismo religioso é ou poderá
desaguar numa teologia inter(trans-)confessional
(*interfaith theology*)?... 186

Prólogo, Diálogo e Epílogo

Como é difícil deixar os amigos partirem sem lamentar sua ausência! O próprio Jesus, que não chorou durante as torturas e morte de cruz, chorou a morte de seu amigo Lázaro, nos conta João em seu evangelho naquele minúsculo versículo: *Jesus chorou* (11,35). O paradoxo afeto-dor deixado por uma ausência irremediável desafia nossa própria linguagem para expressar-se com nexo e com uma finalidade que valha a pena ser ouvida. A ausência, a saudade e a dor são mais próximas do silêncio do que da palavra, embora a palavra possa contribuir com a libertação do peso que elas significam para quem as vivencia. O choro pode ser, de fato, a linguagem mais espontânea que expressa a primeira experiência da morte do ente querido, antes que todas as linguagens sejam pronunciadas tateando algum sentido no interior do vazio que impera.

A morte, embora faça parte de nossa condição mais básica e se inscreva no rol das nossas certezas absolutas, torna-se um problema real quando nos atinge de perto. Ao avizinhar-se de nós, deixa seu rastro que interroga o sentido do viver, atiça a memória do ausente e redimensiona o amor de amigo. É quando, então, o que era claro fica cinza, as coisas bem localizadas se desencaixam e, então, torna-se urgente reconstruir o mundo de dentro e de fora para levar em frente a vida, como se ela fosse normal e sem deixar jamais de ser feliz com a sua pura gratuidade. É a hora de transformar nosso choro em palavras e de *retirar a pedra* (Jo 11,39) que ainda pesa sobre a memória do falecido sepultada em nossas mentes e corações. É também a hora da esperança que antecipa a ressurreição final e nos faz *ver já a glória de Deus* (Jo 11,40).

É ainda tomados de emoção que falamos de nosso amigo Afonso Ligório, que passou entre nós fazendo o bem como fiel seguidor de Jesus de Nazaré (cf. At 10,38). A memória viva de nossa convivência ainda aflora como incômodo em qualquer momento, sem pedir licença, e se instala como saudade. E a tomada de consciência de sua ausência assusta, depois dói e, em seguida, desafia os lugares-comuns da razão. É quando o coração fala sozinho e não encontra traduções lógicas capazes de convencê-lo ou de aquietá-lo. A morte rompe com as rotinas, com as saídas racionais e com os afetos. Ela faz com que o afeto vivo se transforme em saudade: desde então afeto intransitivo, amor ao ausente e amizade sem a presença direta. Esse é o drama insolúvel de continuar amando quem partiu definitivamente. Quem não viveu essa experiência com a morte de alguém querido? A morte de um amigo só pode, portanto, ensinar que o amor não morre. Quem vivenciou uma autêntica amizade está definitivamente marcado por seus efeitos indeléveis; ela não morre com a morte, embora clame por novas interpretações capazes de solucionar a ausência, de resolver a intransitividade entre o sentimento interno e o vazio externo, entre o passado e o presente. Só resta, assim, esquecer ou esperar. A atitude de esperança dimensiona o amor ao futuro, é capaz de transfigurar o afeto, de *filia* à *ágape*. É certamente a difícil e necessária tarefa de "desatar o morto e deixá-lo ir" (Jo 11, 44).

É verdade que a fé na *comunhão dos santos* convida a afetos espirituais presentes, à certeza da ligação sempre atual de todos os vivos e mortos em Jesus Cristo, quando, então, ausência e presença superam suas posições dicotômicas e se fundem no mesmo amor que não passa. Enxergar para além do imediato é, de fato, o que resta para esses momentos em que a morte nos visita. As pontes entre os dois mundos variam conforme a tradição religiosa. Algumas fazem pontes diretas, colocando os vivos em contato direto com os mortos. Outras isolam os mundos como realidades incomunicáveis, coisa de responsabilidade de Deus e não das criaturas. E outras colocam a natureza como mediação indireta, lugar onde os mortos são reabsorvidos e a partir de onde atuam juntamente dos vivos.

Por ora, continuamos em comunhão com Afonso, sem necessitar de criações de pontes diretas. As ligações já foram feitas por ele próprio enquanto viveu biologicamente e nos contagiou com sua simplicidade e profundidade. De fato, não somente sua amizade, mas também sua produção está presente e ecoa como provocação e testemunho. O legado do pesquisador-professor configurou um mundo habitável que convidará ainda por bom tempo ao diálogo todos aqueles que queiram entrar em contato com suas ideias e com seus ideais. A amizade e escrita têm algo em comum: vazam para além dos limites de espaço e de tempo, criam vínculos e geram processos e podem perpetuar em muitos frutos.

Afonso sobrevive nos corações dos que com ele conviveram, nas memórias que registraram sua presença, mas também em seus muitos escritos sobre Teologia e Ciência da Religião. No auge de sua produção e militância acadêmicas nos deixou em muitos aspectos órfãos. Não somente o Programa de Estudos Pós-graduados em Ciência da Religião da PUC-SP e a Paulinas Editora, mas também as associações ligadas à área (Soter e ANPTECRE) sabem dizer como sua presença faz falta.

É de dentro dessas configurações de amizade, de reflexão e de trabalho e com o espírito de ligação permanente que falamos neste momento por meio deste texto de apresentação à derradeira obra de Afonso. Um *prólogo* que adquire significado de *epílogo*, por *falar depois* de tudo consumado em termos de pensamento e de vida biológica, ou, então, mais precisamente, *prólogo* sobre o *epílogo* de um autor que viveu o *diálogo* e com quem dialogamos diuturnamente. Por essa razão, a honra de apresentá-la que nos compete vem acompanhada de tristeza e de saudade. Mas é feita também com a alegria de quem adota o filho de um amigo falecido e dá a ele o carinho merecido. E nesse filho podemos ver de modo muito vivo as ideias e o estilo do pai, as convicções e as esperanças que alimentava em ver a renovação inadiável da Igreja (EG 27) nos tempos de Francisco.

A obra de Afonso que ora vem a público tem uma história própria. Ficou conosco guardada para uma apreciação que não chegou a ser feita com vistas a sua publicação naquele momento de ocaso de sua existência. Sua pressa em partir tão inesperadamente não permitiu que chegássemos a conversar sobre o texto a nós enviado. Após tomar coragem, meses depois, abrimos o e-mail que nos enviara um mês antes de sua partida, no qual dizia: *eis aí a versão final*. Vida e texto entravam, então, em suas versões derradeiras em dezembro de 2016. Nesse contexto, o livro nasceu, por certo, entre dores e alegrias. Dores que o acompanhavam havia semanas e alegria de quem concluíu uma reflexão sobre assuntos caros. A temática da interculturalidade ambientada no contexto do pontificado do Papa Francisco adquiria um novo vigor: ajudar a Igreja a colocar-se em saída na direção das periferias, exercer o diálogo com as alteridades, pensar nas fronteiras. É nesse contexto de impulso à reflexão renovada que Afonso retomava as velhas questões que o acompanhavam desde a monografia conclusiva do bacharelado em Teologia, mas que se tornara uma de suas preocupações centrais desde o doutoramento.

A categoria *sincretismo* serviu a Afonso nas análises e sistematizações sobre revelação no diálogo com as questões afro-brasileiras. Ele não abria mão de pensar a revelação histórico-salvífica de modo implicado com as temáticas culturais. Bebia permanentemente das intuições e análises de Juan Luis Segundo e de Andrés Torres Queiruga, sendo este seu amigo pessoal. Em passagem permanente, tratou a temática de Deus para além dos territórios restritos da tradição judaico-cristã, em nome de sua irredutibilidade como amor universal e como princípio que inclui todas as diferenças sem eliminá-las. A negação de territórios exclusivistas para a profissão e vivência da fé constituiu uma de suas grandes causas, desde as práticas pedagógicas do Ensino Religioso na escola pública até a raiz do problema no âmbito da Teologia, passando pelos objetos da Ciência da Religião. Pensou a Teologia a partir de fora, das alteridades e das pluralidades, e a Ciência da Religião a partir de dentro, de seu significado teórico-metodológico como área em construção no Brasil. Seus grandes mestres lhe ensinaram que a história é o lugar fundamental para se pensar a fé, seja em nome da razão que aí se enraíza e daí se eleva como busca do *logos*, seja em nome da fé que no mistério cristão encontra nesse lócus o *Verbo* de Deus encarnado. E, por essa razão, no diálogo interdisciplinar buscou as razões da fé e seus modos de expressão sem descansar em qualquer sombra que oferecesse confortos epistemológicos. Intercultural, inter-religiosa e interdisciplinar foi sua caminhada como pessoa crente e como pesquisador inquieto. Caminhou sempre olhando para a frente. Suas posturas afirmavam todo o tempo que o ponto de acabamento das verdades religiosas e científicas localizava-se, de fato, para além da história. Para o estudioso, restava a passagem permanente feita de dúvidas e de interrogações, mas também de apostas e de ensaios convictos de algumas verdades.

O presente livro escrito em seus últimos dias revela muito desse seu percurso intelectual e existencial. É mais uma de suas falas relativas que buscavam a verdade que descansa para além do tempo e do espaço. Nesse sentido, vivenciou o *diálogo* sempre em busca do *epílogo*. Afonso vive agora a última palavra no face a face. Nós continuamos o diálogo como pressuposto, caminho e meta de toda investigação, imperativo do provisório que avança para o definitivo.

Mas o que nos conta esse último texto? Antes de tudo, diz o autor:

> Parece-nos que o espírito deste pontificado, confirmado profeticamente na Exortação apostólica *Evangelii gaudium*, é reacender nos corações cristãos "a doce e reconfortante alegria de evangelizar" (EV 2). Quem sabe ainda haja tempo para a Igreja Católica rever o que tem feito e pensado em termos de inculturação, diálogo inter-religioso, hierarquia das verdades e religiosidade popular com vistas ao que realmente importa: dar testemunho nesta terra de que o Reino é do Pai.

E acrescenta logo a seguir que: "É com a devida atenção a este novo contexto em que se banham os católicos romanos que este livro foi concebido. Agora só resta ao leitor checar se lhe será de ajuda a reflexão aqui proposta". Os capítulos que compõem o livro têm um anunciado caráter revisor de questões até então trabalhadas pelo autor. De fato, numa coincidência que parece incrível, Afonso não somente retoma reflexões já feitas à luz das chamadas do Papa Francisco e em franco entusiasmo com elas, como revisita criticamente categorias analíticas clássicas utilizadas para pensar a pluralidade de significados e práticas religiosas que se impõem cada vez mais como fato e como direito à diferença entre nós, cidadãos do mundo globalizado e irmãos em Jesus Cristo, mestre do amor universal. A suposta coincidência revela um autor revendo a si mesmo numa espécie de balanço "final" do que havia pensado até então. Certamente o espírito reformador do Papa Francisco não deixou de estimulá-lo a fazer essa revisão com maior liberdade. Entretanto, o leitor observará que estamos, de fato, diante de um balanço real de conceitos, de posturas e de propósitos perante os desafios do diálogo com as diferenças. Os capítulos são esforços de mostrar o valor do confronto crítico e criativo entre as religiões e, concretamente, entre a tradição cristã centrada na Revelação e as distintas experiências religiosas. As alteridades não são ameaças, mas, ao contrário, fazem parte do próprio processo de construção da identidade cristã no decorrer da história. *Processo* pode ser o termo que designa o conjunto dessas reflexões, termo que abriga, em seu significado histórico real, o jogo das diferenças que constroem progressivamente o que se apresenta como idêntico e, não raro, como uniforme e fixo. Nesse olhar sincretismo não contradiz com tradição. Ao contrário, a perfaz na dinâmica de transmissão que a define. Para tanto, passa em revista termos heurísticos dedicados a designar a relação entre as diferenças e situa o drama de uma teologia sem saída há tempos praticada na Igreja Católica, sendo, agora, superada por uma teologia em saída.

As reflexões revelam um dado epistemológico inerente ao autor: as abordagens da Teologia e da Ciência da Religião. As duas referências falam concomitantemente e se cruzam durante as reflexões. A última exerce um papel de mediadora para a primeira e permite situá-la em seus processos concretos de construção no ontem e no hoje. A reflexão culmina lançando o propósito de elaboração de uma teologia interconfessional, ou seja, de uma reflexão de fé feita a partir de um universo ecumênico de significados religiosos que supera todos os possíveis exclusivismos e mesmo de inclusivismos. Fora do diálogo a teologia esconde a si mesma; não narra a sua história feita de sincretismos, quando a fé, foi traduzida e pensada a partir de elementos incorporados de fora de seu universo original. Assim diz o autor no capítulo final:

> Neste livro pretendi apresentar, da maneira mais sucinta possível, os recursos do pensamento cristão para reconhecer o valor teológico do sincretismo religioso, inserindo-o na dinâmica daquilo que a teologia costuma entender por revelação. Se tentarmos nos colocar como *insiders* na tradição cristã, seria possível lá identificar o sincretismo como parte irrecusável da história dos encontros e desencontros entre o que é captado como divino e o que é admitido

como humano, colhidos em seu "durante", e que, justamente por isso, escapam de definições e/ou inferências cabais. O sincretismo, por definição, atravessa as fronteiras institucionais.

Já não se trata apenas de reconhecer o diálogo com as diferenças como inerente ao fazer teológico e à constituição da própria tradição. É mais que isso: a composição das diferenças tem um significado teológico por si mesma. Deus não fala como um discurso uniforme e exclusivista, como uma tradição que nasce acabada e formulada singular e definitivamente, mas sempre por meio de experiências que convidam o interlocutor a experimentá-lo em situações concretas, na história sempre fragmentada e efêmera que paradoxalmente revela a totalidade:

> Quer a religião considere Deus evidente, misterioso ou simplesmente problemático, não há outra maneira de a pessoa ou a comunidade a ele aceder senão em porções fragmentares.

O eco com a passagem paulina se mostra sedutor e inevitável de ser dito:

> Pois agora vemos por intermédio de um espelho de forma enigmática, mas, depois, face a face. Agora, conheço em parte, mas, depois, conhecerei como também fui conhecido (1Cor 13,12).

Com certeza, agora na visão do todo sem divisão, inserido no amor permanente e na verdade plena,

Afonso nos aguarda como patrono dos que sofrem por discernir no fragmento das diferenças o ponto de equilíbrio da verdade que vem de Deus e a ele nos remete sem cessar!

João Décio Passos

Prefácio para ensaiar a saída

Este livro pretende investigar, do ponto de vista do cientista da religião, os prováveis cenários que se desenham para a Igreja Católica, à medida que for sendo acolhida a tarefa proposta pelo atual sumo pontífice de que a comunidade cristã assuma-se como "Igreja em saída". Retomo nesta ótica alguns trabalhos anteriores,[1] reescritos e atualizados a partir dessas novas acentuações, no interior do complexo cristão-católico. Seu principal ponto de unidade é retomar as discussões sobre sincretismo,

---

[1] O principal deles é *No espírito do Abbá: fé, revelação e vivências plurais* (publicado por Paulinas Editora, e que está esgotado), do qual retomei quatro capítulos aqui e os atualizei à luz do novo contexto da Igreja Católica. Além disso, há outros três artigos que foram publicados em revistas especializadas e aqui refundidos sob a ótica da coleção "Teologia em Saída". O arcabouço teórico de todos eles é minha tese doutoral (2001), publicada com o título *Interfaces da revelação*; pressupostos para uma teologia do sincretismo religioso (São Paulo: Paulinas, 2003).

inculturação e encontros inter-religiosos nestes tempos de Francisco. Para introduzir a conversa, considerarei duas questões de abertura: o que muda e o que não deve mudar nesse tema com o empuxo do papa jesuíta e franciscano.

Tudo muda: o papa é Francisco

A Boa-nova do Francisco jesuíta

Um dos sintomas dos ventos impetuosos que sopraram a partir de Roma desde a eleição do cardeal Jorge Mario Bergoglio foi o livro *Francisco: renasce a esperança*,[2] concebido por João Décio Passos e coorganizado por mim, que ofereceu uma primeira reflexão sobre o que representaria esse papa para o futuro do cristianismo. É um livro franco, que não economiza na crítica que, segundo os teólogos e intelectuais católicos, a cúpula da Igreja Católica precisava receber, mas também esperançoso, pois acredita na sua conversão para o cerne do Evangelho cristão. O leitor descobre logo nas primeiras páginas que uma obra desse teor seria quase impensável antes da inesperada renúncia de Bento XVI, que desmascarou rupturas abissais no interior da cúpula vaticana, ao mesmo tempo que salientou a humildade e sabedoria de um papa que reconheceu não dar conta de enfrentá-las.

Mas, quando Bergoglio apareceu na sacada, imediatamente virou o mapa-múndi de cabeça para baixo: no topo estava então uma figura meio desengonçada, de sotaque portenho, trajando uma batina branca

---

[2] PASSOS, J. D.; SOARES, A. M. L. (org.). *Francisco*; renasce a esperança. São Paulo: Paulinas, 2013.

improvisada, com sapatos pretos já gastos e uma cruz de prata no peito. Apresentou-se como *bispo de Roma* e revelou ser *Franciscus*. Antes da primeira bênção papal, quis que a primazia fosse do *Povo de Deus* reunido na praça. Curvando-se diante da multidão, pediu seu *amém*. Não se tratava de populismo, mas apenas da continuidade de uma postura (não sem as devidas ambivalências) pela qual o cardeal de Buenos Aires já era conhecido em sua terra, amado pelos excluídos da periferia e odiado pela alta cúpula do poder civil daquele país.

Em pouco tempo, as manchetes escandalosas (pedofilia do clero; *lobby gay* no Vaticano; crimes financeiros do sistema bancário daquele minúsculo Estado; *Vatileaks*) deram lugar à surpresa e ao desconcerto diante do que começava a fazer o jesuíta franciscano: renúncia ao luxo da corte; simplificação dos protocolos diplomáticos e das rubricas litúrgicas; repreensões públicas ao clero devasso; contato direto com o povo nas aparições públicas; carinho pelas devoções populares; apelos à paz mundial; crítica ao sistema financeiro internacional. E tudo isso lançando mão de gestos e palavras diretas, contundentes, proféticas até, se as compararmos com o estilo burocrático e frio dos pronunciamentos da hierarquia católica.

Embora se tenha esforçado por mostrar continuidade doutrinal com o Papa Ratzinger, os sinais emitidos por Bergoglio vão, cada vez mais, em outra direção:[3] volta do

---

[3] É o caso do seu discurso no Encontro com os Participantes do V Congresso da Igreja Italiana, Florença, 10/11/2015. Cf.: <http://w2.vatican.va/content/francesco/pt/speeches/2015/november/documents/papa-francesco_20151110_firenze-convegno-chiesa--italiana.html>. Último acesso: 12/11/2015.

espírito de diálogo; retomada positiva do Vaticano II; devolução do poder que foi sendo retirado das igrejas locais; afastamento de bispos e cardeais carreiristas para dar lugar aos que têm espírito e prática pastoral; reconciliação com o legado mais genuíno da Teologia da Libertação;[4] predileção pelas ordens e congregações religiosas e menos espaço aos conhecidos movimentos neoconservadores que protagonizaram a pastoral nas últimas décadas; novo entusiasmo missionário pelo testemunho cristão em meio aos pobres em lugar da atual busca proselitista por neoconvertidos ou por ovelhas "desgarradas" em outras igrejas...

Esse é o desafio sobre-humano que, até aqui (2015), vem assumindo o Papa Francisco. Conseguirá esse místico jesuíta quase octogenário driblar os labirintos da Cúria Romana, separando o joio do trigo? Atrairá a opinião pública católica para seu projeto reformador?

Francisco tem dito em suas audiências a distintos grupos de representações católicas que nada poderá fazer sozinho. Mas os católicos midiáticos, acostumados

---

[4] Na verdade, muito se tem comentado sobre a influência recebida, por Bergoglio, da chamada Teología del Pueblo, que tem entre seus autores o conhecido jesuíta Juan Carlos Scannone. Nas palavras do próprio Scannone, essa teologia, "assim como a Teologia da Libertação, utiliza o método 'ver-julgar-agir', liga práxis histórica e reflexão teológica, e recorre à mediação das ciências sociais e humanas. Mas privilegia uma análise histórico-cultural em comparação com a socioestrutural de tipo marxista". É uma reflexão que "sublinha a importância da cultura, da religiosidade e da mística popular, afirmando ao mesmo tempo que os seus intérpretes mais autênticos e fiéis são os pobres, com sua espiritualidade tradicional e sua sensibilidade pela justiça" (cf.: <http://www.ihu.unisinos.br/noticias/520470-a-teologia-de-francisco--entrevista-com-juan-carlos-scannone%20>).

a *showmissas* inebriantes, cercados de milhares de *face-friends* que se curtem reciprocamente, estarão mesmo dispostos a embarcar nessa "anticruzada" franciscana? O tempo dirá.

Francisco: o papa pop entre o papo e a prática

A passagem de Francisco pelo Brasil em 2013 confirmou as primeiras impressões causadas desde o conclave: desapegado da posição de imperador do catolicismo mundial; imune ao luxo da corte; arisco aos protocolos diplomáticos; pródigo nas repreensões públicas ao clero acomodado; habituado ao contato direto com o povo; carinhoso com as devoções populares; crítico contumaz do consumismo e do sistema financeiro internacional. E tudo isso lançando mão de gestos e palavras diretas, contundentes, proféticas.

Francisco abriu sua visita, no Palácio Guanabara, pedindo permissão, com delicadeza, para estar entre os brasileiros. E citou quase literalmente a frase do apóstolo Pedro em Atos 3,6: "Não tenho ouro nem prata, mas trago o que de mais precioso me foi dado". O episódio bíblico mostra o assim chamado primeiro "papa" sem posses, a curar paralíticos. Lembrou-me a visita do teólogo Tomás de Aquino ao Papa Inocêncio IV (séc. XIII). Reza a lenda que, ao lhe mostrar as riquezas do Vaticano, o papa lhe teria dito, com indisfarçada ironia: "Vê, Tomás. Hoje a Igreja não pode mais dizer: *Não tenho prata nem ouro...*". Tomás devolveu: "Concordo, santidade. Mas ela também não pode mais dizer ao coxo: *Levanta-te e anda*".

Na fala do atual bispo de Roma (é assim que Bergoglio prefere ser chamado) unem-se a teologia e a prática pastoral, Tomás de Aquino e Francisco de Assis, o intelectual católico e o pastor afetuoso, retomando temas nos quais ele já vinha insistindo: há que estar com os pobres, mas não como uma ONG altruísta que busca eficiência e, sim, a partir de uma mística do seguimento de Jesus. Não é mais o teólogo que repreende o papa, como outrora o Tomás medieval; é o papa que chama todos à conversão, a começar pelo segmento mais empedernido: seu próprio clero.

Quem for conferir, encontrará uma "coincidência" instigante: no discurso de abertura ao Concílio Vaticano II (11/10/1962), João XXIII anunciava a intenção de uma virada pastoral na Igreja Católica que tratasse os erros "usando mais a misericórdia que a severidade", "mostrando a validez de sua doutrina e não condenando", a fim de ser "mãe amorosa de todos, benigna e paciente". E completava: "Ao gênero humano tão oprimido, a Igreja diz, como outrora Pedro ao pobre: 'Eu não tenho nem ouro nem prata... levanta-te e anda'".

O que dizia em 1962 o "papa bom", repercutiu em 2015, no discurso de Francisco no encerramento da 14ª Assembleia Geral Ordinária do Síncodo dos Bispos: "A experiência do Síncodo fez-nos compreender melhor também que os verdadeiros defensores da doutrina não são os que defendem a letra, mas o espírito; não as ideias, mas o ser humano; não as fórmulas, mas a gratuidade do amor de Deus e do seu perdão". "Isto não significa de forma alguma", esclarecia o papa, "diminuir a importância das fórmulas – são necessárias –, a importância das leis e dos mandamentos divinos, mas exaltar a grandeza do verdadeiro Deus, que não nos trata segundo os nossos méritos nem segundo as nossas obras, mas *unicamente* segundo a generosidade sem limites da sua Misericórdia".[5]

Anos antes, por ocasião de sua participação na Jornada Mundial da Juventude (2013), o "desvio" para Aparecida do Norte bem no meio do evento, uma exigência sua, foi muito significativo. O santuário mariano sintetiza a espiritualidade popular latino-americana ao mesmo tempo que traz à memória o documento final do 5º Celam (2007), que enfatizou o compromisso missionário do cristão com os pobres e os jovens, além de reconfirmar as comunidades eclesiais de base como opção criativa de ser Igreja. O recado parece virar o *mapa-múndi*: no topo estão agora os povos do Sul, com suas urgências e também com suas experiências eclesiais.

Outro pormenor chama a atenção: Francisco, o bispo de Roma, dirigiu-se aos bispos brasileiros para confirmar a autonomia destes em animar as igrejas particulares. Parecia apontar na direção contrária do forte centralismo que, nas últimas três décadas, ditou as relações de poder entre a Cúria Romana e as demais dioceses. Revigorava, assim, a chamada "colegialidade episcopal", sonho antigo dos que participaram do Vaticano II. Bergoglio deve saber que não será fácil retomar o espírito de diálogo nem devolver o poder retirado das conferências

---

[5] Cf.: Discurso do Papa Francisco no encerramento da XIV Assembleia Geral Ordinária do Sínodo dos Bispos, 24/10/2015: <http://w2.vatican.va/content/francesco/pt/speeches/2015/october/documents/papa-francesco_20151024_sinodo-conclusione-lavori.html#_ftnref2>.

episcopais (da CNBB, no caso do Brasil). Mas parece decidido a afastar o clero carreirista, dando vez aos que têm espírito e prática pastoral. E já sussurrou sua predileção pelas ordens e congregações religiosas em lugar dos movimentos conservadores que ditaram as regras até agora.

Um quarto aspecto é inédito: sua atitude perante a sociedade civil. Impressionou jornalistas experientes a desenvoltura nas entrevistas concedidas, sem nenhuma combinação prévia. E, no discurso a representantes da sociedade civil, proferido no Teatro Municipal do Rio de Janeiro, destoou bastante da recente tendência de seus pares ao defender a laicidade do Estado como condição para uma cultura do encontro, atitude que ele definiu como "humildade social".

Essa humildade está pressuposta em seu já citado discurso no encerramento do Sínodo episcopal. Na ocasião, o papa reconhecia a dificuldade de sua Igreja para se abrir, como instituição católica mundial, à imensa diversidade cultural:

> Vimos também (...) que aquilo que parece normal para um bispo de um continente, pode resultar estranho, quase um escândalo – quase! –, para o bispo doutro continente; aquilo que se considera violação de um direito numa sociedade, pode ser preceito óbvio e intocável noutra; aquilo que para alguns é liberdade de consciência, para outros pode ser só confusão.

O papa alertava seus pares para o fato de que "as culturas são muito diferentes entre si e cada princípio geral [as questões dogmáticas bem definidas pelo Magistério]..., se quiser ser observado e aplicado, precisa de ser inculturado". Retomando as palavras do Sínodo de

1985, ele afirmava ser a inculturação a "íntima transformação dos autênticos valores culturais mediante a integração no cristianismo e a encarnação do cristianismo nas várias culturas humanas". "A inculturação", prosseguia Francisco, "não debilita os valores verdadeiros, mas demonstra a sua verdadeira força e a sua autenticidade, já que eles adaptam-se sem se alterar, antes transformam pacífica e gradualmente as várias culturas".[6]

Enfim, resta dizer que as disposições pessoais de um sumo pontífice, ainda que ele seja um sábio jesuíta, não parecem suficientes para, em pouco tempo (provavelmente, ele não terá o tempo que teve João Paulo II), reconstruir os mecanismos intestinos da Cúria Romana. Quão efetivas serão as mudanças sinalizadas em seus discursos e em sua prática, ainda é uma incógnita. Nem se pode afirmar que a imensa maioria dos católicos de fato as deseje. O que é certo é que os que gostam de acompanhar e estudar o cotidiano do mundo católico não se vão decepcionar com as surpresas e reviravoltas dos próximos capítulos dessa epopeia milenar.

Nada muda com Papa Francisco?

O que aprender do Concílio Vaticano II?[7]

Certamente há que se prever alguma reforma no pontificado de Francisco, sobretudo no que diz respeito

---

[6]   Cf. ibidem.

[7]   Os dois itens a seguir retomam, com ligeiras alterações, o que dissemos em: SOARES, A. M. L. *Revelação e diálogo intercultural*; nas pegadas do Vaticano II. São Paulo: Paulus, 2015, p. 108-111 e 112-119.

à estrutura interna da Cúria Romana e na devolução de grande parte da autonomia das igrejas particulares. Também é evidente a mudança de tom e de estilo quando se trata do diálogo católico com os não católicos e, principalmente, entre católicos.

Esta introdução não pode dar conta de tudo o que se esperaria de uma auspiciosa transformação na Igreja Católica. Por isso, escolhi apenas um aspecto: a esperada nova relação das autoridades e teólogos católicos com um fenômeno muito real do cotidiano das comunidades eclesiais latino-americanas e que costuma ser chamado – às vezes de forma pejorativa – de sincretismo religioso. Como referencial, escolho os documentos do Vaticano II, uma vez que este Concílio está saindo do limbo justamente pelas mãos do jesuíta argentino Bergoglio.

C. Theobald, J. Wicks e O. Rush[8] e outros especialistas concordam que a noção de revelação divina e sua recepção-transmissão na história (*Dei Verbum*) é a base da qual derivam a noção conciliar da Igreja (*Lumen gentium*), do seu culto (*Sacrosanctum Concilium*) e da sua relação com o mundo (*Gaudium et spes*). A articulação entre elas sugeriu aos teólogos e pastores, nos anos seguintes, que era urgente uma nova aproximação do fenômeno da religiosidade popular e do sincretismo religioso que o permeia.

Se, como diz a *Dei Verbum* (DV), revelação é o que resulta quando apraz "a Deus, na sua bondade e sabedoria,

---

[8] Cf. FAGGIOLI, M. *Vaticano II*: a luta pelo sentido. São Paulo: Paulinas, 2013.

revelar-se a Si mesmo e dar a conhecer o mistério da sua vontade (DV 2), isso permite que se devolva a cada grupo social ou pessoa que, no seu ritmo próprio, "tenham acesso ao Pai no Espírito Santo e se tornem participantes da natureza divina" graças a uma "revelação" que possibilita ao Deus invisível, "na riqueza do seu amor", "falar aos homens como amigos e conviver com eles, para convidá-los e os admitir à comunhão com Ele". Essa "economia" da revelação, justamente por não ser uma sucessão de asserções ditada, "realiza-se por meio de ações e palavras intimamente relacionadas entre si". A ênfase da DV no caráter dialogal da revelação permite reequacionar a gradualidade e os percalços da resposta humana ao apelo divino. Se o sentido não está posto de uma vez por todas nem nas chamadas Escrituras, mas depende também das reais condições histórico-sociais,[9] será inevitável considerar o sincretismo não como um dano, mas como um risco inevitável do caminho histórico da revelação e do dogma.

Nessa direção a importante asserção da *Dei Verbum*, quando repropõe a categoria patrística da "pedagogia divina" para defender que a verdade dos livros do chamado Antigo Testamento não está na mera sucessão de afirmações ali contidas, mas antes no método usado por Deus para falar conosco, abre uma senda profícua na assunção do modo mesmo como o povo/as culturas se apropriam do sopro revelador de Deus.

---

[9] GEFFRÉ, C. La rivelazione e l'esperienza storica degli uomini. In: FISICHELLA, R. (org.). *Gesù Rivelatore*. Casale Monferrato: Piemme, 1988. p. 87-99.

Portanto, assim como "os livros do Antigo Testamento", mesmo contendo "também *coisas imperfeitas e transitórias*", manifestam "o conhecimento de Deus e do homem, e o modo com que Deus justo e misericordioso trata os homens", assim também podemos inferir que as tentativas históricas (imperfeitas, errôneas, exóticas) com que as comunidades criam/recriam significantes para o(s) significado(s) cristão(s) também "revelam... *a verdadeira pedagogia divina*" (DV 15).

Se a teologia das religiões e a teologia do diálogo inter-religioso tomarem a sério essa intuição do Vaticano II de que a revelação é um encontro interpessoal entre Deus e o ser humano, não poderão deixar de perceber que o interlocutor humano, nesse caminho educativo, responde a partir de situações existenciais e históricas que progressivamente lhe são colocadas ou lhe acontecem.[10] E tal não exclui retrocessos, erros nem mesmo pecados.

Outra categoria inédita adotada pelo Vaticano II e que pode jogar nova luz sobre o fenômeno com frequência chamado de sincretismo religioso ou de dupla ou múltipla pertença religiosa – às vezes, também, "múltipla vivência religiosa"[11] –, é a expressão "hierarquia das verdades", vinda à luz no n. 11 do decreto *Unitatis*

---

[10] SOARES, A. M. L. *Ecumenismo e diálogo inter-religioso no Vaticano II*: sugestão hermenêutica para a releitura dos documentos conciliares. In: BORGES, R. F. de C.; MIOTELLO, V. *O Concílio Vaticano II como evento dialógico*. São Carlos: Pedro & João, 2013. pp. 25-37.

[11] BARROS, M. *O sabor da festa que renasce*: para uma teologia afro-latíndia. São Paulo: Paulinas, 2009; SOARES, A. M. L. *No espírito do Abbá*; fé, revelação e vivências plurais. São Paulo: Paulinas, 2008.

redintegratio, sobre o ecumenismo. De fato, essa noção está em profunda sintonia com a compreensão de revelação da *Dei Verbum*, e alguns teólogos chegam a afirmar que é inconcebível o que a UR 11 propõe acerca da ordem das verdades, se não se fizer referência ao que a *Dei Verbum* ensina sobre a revelação.[12] Em outras palavras, se a revelação é "*ato de autocomunicação* de Deus em seu Filho Jesus Cristo, Palavra de Deus encarnada" (DV 1), então ela não diz respeito a todas as possíveis verdades, mas antes a um centro definido, extremamente simples (*prima veritas*), que de nós solicita, na fé, uma resposta pessoal e completa, que é dada, livremente, a Deus mesmo (DV 5).

Do ponto de vista existencial, também se pode perguntar acerca da relação entre a fé subjetiva (*fides qua*) e a fé objetiva (*fides quae*), na medida em que esta última sofre o impacto de uma noção de revelação que deixa em segundo plano o depósito da fé e traz à tona a iniciativa amorosa de um Deus pessoal. Nesse aspecto, nota-se nos fiéis a manifestação de uma "hierarquia existencial das verdades",[13] que comporta – conforme a história pessoal de cada um ou os diferentes contextos históricos e culturais – distintos centros ou mesmo diferentes percursos de resposta(s) à iniciativa divina. Mais recentemente, especialistas em Teologia da Revelação explicam

---

[12] HENN, W. Gerarchia delle verità. In: LATOURELLE, R.; FISICHELLA, R. *Dizionario di Teologia Fondamentale*. Assisi: Cittadella, 1990, p. 455.

[13] Ibidem, p. 455.

tal processo como "educação em segundo grau"[14] ou "maiêutica histórica".[15]

A novidade inserida pelo Decreto *Unitatis Redintegratio* (UR) comporta uma série de ideias-força que se resumem em duas: "a Igreja tem de se renovar em profundidade e precisa fazê-lo deixando-se ajudar pelo diálogo com as demais Igrejas cristãs em busca de unidade".[16] UR n. 11 tem evidente serventia para a missão ecumênica, mas como já foi notado, mais de uma vez, possui potencial em outras questões/tarefas da teológia, tais como: pluralismo teológico, catequese renovada, nova evangelização, inculturação da fé, diálogo inter-religioso, além da agenda sempre desafiadora de reapresentar a mensagem cristã à sociedade civil contemporânea.

O pluralismo teológico e o diálogo inter-religioso também testam a corrente ecumênica nascida do Vaticano II na esteira de UR 11. Como pode a Igreja acompanhar, em um processo de reevangelização de povos mal introduzidos no cristianismo, heresias vivas e sincretismos que unem a religião cristã a ideias pertencentes a outras religiões profundamente diferentes, se não se pode abrir mão do já dogmaticamente estabelecido? No

---

[14] SEGUNDO, J. L. *Libertação da teologia*. São Paulo: Loyola, 1978.

[15] TORRES QUEIRUGA, A. *A revelação de Deus na realização humana*. São Paulo: Paulus, 1995; Idem. *Repensar a revelação*; a revelação divina na realização humana. São Paulo: Paulinas, 2010.

[16] VILANOVA, E. *Historia de la teologia cristiana*. Barcelona: Herder, 1992, v. III. p. 935.

entanto, esses caminhos, aparentemente extraviados (da fé cristã), trazem/trouxeram muitas contribuições a vários grupos humanos, na medida em que são – por enquanto – sua resposta existencial possível.

O princípio formulado em UR 11 provavelmente ainda precise ser mais bem explicitado, desenvolvido e aplicado na teologia da Igreja Católica. E, talvez, ainda tenha de ser plenamente aceito. No entanto, ele contempla o que há de mais central sobre como devolver à Igreja uma função decisiva da revelação: a experiência. Para que a revelação prossiga seu caminho, a comunidade dos fiéis tem de ser parte ativa da construção do dogma. O cuidado com a construção orgânica do dogma/doutrina/verdade cristã supõe a necessidade, para que a revelação seja precisamente o que é: autorrevelação de Deus, de que todo cristão e toda comunidade eclesial a experimente. E isso exige que se pense o acesso ao *depositum fidei* como um processo de "educação", como pedagogia divina (DV 15). Esse processo historicamente maiêutico (Torres Queiruga), cuja compreensão foi possibilitada pela *Dei Verbum*, ganha toda sua força quando conectado ao princípio fundamental que o Vaticano II pensou ser válido apenas para o diálogo intereclesial: "a ordem ou hierarquia das verdades" a partir do eixo trinitário da mensagem cristã.

Finalmente, UR 11 pode servir como estrutura hermenêutica para que se continue a pesquisa sobre o desenvolvimento doutrinal e as novas expressões da tradição cristã. Um legado conciliar que está longe de ser plenamente aproveitado pela Igreja de Cristo.

O pós-concílio: sincretismo como caminho: atalho ou desvio?

a) João Paulo II e o sincretismo nocivo

Às vésperas de celebrar os 40 anos da promulgação da *Ad gentes*, a Instrução *Erga migrantes caritas Christi*[17] reconhece a crescente complexidade do fenômeno migratório e vê a

> necessidade de uma visão ecumênica deste fenômeno, por causa da presença de muitos migrantes cristãos não em plena comunhão com a Igreja Católica, e do diálogo inter-religioso, por motivo do número cada vez mais consistente de migrantes de outras religiões, em particular daquela muçulmana, em terras tradicionalmente católicas, e vice-versa (Intr.).

O n. 10 teme "graves consequências sobre as tradições religiosas e culturais das populações" e defende, no n. 34, que "a Igreja ... proclama a necessidade de buscar a verdade, numa perspectiva de justo confronto, de diálogo e de acolhida recíproca", entendendo que "as diversas identidades culturais devem abrir-se a *uma lógica universal*, não desprezando as suas próprias características positivas, mas colocando-as a serviço de toda a humanidade". Tal desafio o próprio texto vê como "sem

---

[17] Pontifício Conselho da Pastoral para os Migrantes e os Itinerantes, 03/05/2004 (http://www.vatican.va/roman_curia/pontifical_councils/migrants/documents/rc_pc_migrants_doc_20040514_erga-migrantes-caritas-christi_po.html). Último acesso: 14/11/2015.

precedentes para uma encarnação da única fé nas várias culturas, verdadeiro *kairós* que interpela o povo de Deus". O n. 38 traduz concretamente esse zelo em termos de "cuidado de um determinado grupo étnico ou ritual, que tende a *promover um verdadeiro espírito católico*"; e o n. 39 vislumbra nas migrações "um evento que atinge também a dimensão religiosa do homem", porque estas "oferecem *aos migrantes católicos* a oportunidade privilegiada, embora frequentemente dolorosa, de alcançar um maior sentido de pertença à Igreja universal, para além de cada particularidade". É por isso que encontramos no § 41 a recomendação de que as igrejas particulares repensem e reprogramem a pastoral para "ajudar os fiéis a viver uma fé autêntica no novo contexto multicultural e plurirreligioso hodierno", com uma atenção particular, frisa o n. 46, na "religiosidade popular" que "caracteriza muitas comunidades de migrantes".

Mas o Magistério católico também vê riscos nesse processo. O n. 48 salienta um "particular perigo para a fé" que "deriva do *atual pluralismo religioso*, entendido como relativismo e sincretismo em questão de religião". Para a Instrução, esse é "um dos mais graves problemas pastorais hodiernos, juntamente com aquele do grande desenvolvimento das seitas".

É claro que essa preocupação não implica descaso pelos migrantes de outras religiões, em geral, pois, como sublinha o n. 59, estes "devem ser sustentados, em cada caso, no que é possível, a fim de que conservem a dimensão transcendental da vida". Essa consideração é importante, pois, ainda que se tenha a convicção de que "a Igreja é a via ordinária de salvação e que somente esta possui a plenitude dos meios de salvação", fica aqui desautorizado qualquer tipo de proselitismo que se aproveite da situação de fragilização em que se encontram esses milhares de comunidades humanas.

É por isso que o n. 69 insiste em que se garanta aos fiéis e principalmente aos agentes de pastoral envolvidos nessa pastoral "uma sólida formação e informação sobre as outras religiões, para vencer preconceitos". O parágrafo faz aqui uma precisão importante: o diálogo entre as religiões não visa apenas nem primeiramente à "busca de pontos comuns, para construir juntos a paz", mas sobretudo é "ocasião para recuperar [nossas] dimensões comuns", a saber, "oração, jejum, nossa vocação fundamental, abertura ao Transcendente, adoração de Deus, solidariedade entre as nações".

A Instrução parece estar em sintonia com o que dissera um ano antes (23/01/2003) João Paulo II, quando recebeu em visita *ad limina Apostolorum* os membros do Regional Sul 1 (São Paulo) da CNBB (Conferência Nacional dos Bispos do Brasil). Em seu discurso de saudação, o papa recomendou vivamente aos bispos que cuidassem da participação ativa dos fiéis na vida sacramental da Igreja. Destacou a religiosidade popular como tema importante e o sincretismo religioso como uma das principais ameaças. Mesmo admitindo a presença, no Brasil, "de vários grupos culturais, que são uma manifestação a mais da catolicidade da Igreja", o papa afirmava "não ser possível descurar aqui a consideração da cultura afro--brasileira no quadro mais amplo da evangelização *ad gentes*". Detendo-se no universo dos cultos afro-brasileiros, Sua Santidade concluía:

A Igreja Católica vê com interesse estes cultos, mas considera nocivo o relativismo concreto de uma prática comum de ambos ou de uma mistura entre eles, como se tivessem o mesmo valor, pondo em perigo a identidade da fé católica. Ela sente-se no dever de afirmar que o sincretismo é danoso quando compromete a verdade do rito cristão e a expressão da fé, em detrimento de uma autêntica evangelização.[18]

Ora, se o sincretismo "é nocivo quando...", haveria aqui na entrelinha a possibilidade de o sincretismo ser bem-vindo se não comprometer a verdade do rito etc.? Pode-se imaginar uma reticente admissão de que a verdade do rito e a expressão da fé não surjam imediatamente e que uma autêntica evangelização pressuponha um longuíssimo processo de encarnação do espírito evangélico na vida das pessoas e das comunidades. De fato, a Teologia das religiões já pode reconhecer que o único acervo de critérios que os povos possuem para julgar se o Evangelho é, de fato, "notícia boa" (*eu-angelion*) é sua própria cultura autóctone e, portanto, não pode automaticamente largá-la para se tornar "evangélico". A experiência de igrejas locais como as dos países latino-americanos e do continente africano permite que se afirme que, por exemplo, os adeptos brasileiros do Candomblé só podem dizer sim a Jesus se e quando o comparam com Oxalá e outros orixás – e só compara quem reconhece a pertinência dos dois termos de comparação. Portanto, o que a literatura acadêmica costuma chamar de sincretismo (ou hibridismo, ou empréstimo,

---

[18] *L'Osservatore Romano*, 01/02/2003.

ou tradução, a depender das escolas e autores), se lido teologicamente, na perspectiva de uma hierarquia das verdades (UR 11), significa que, em vez de largar o cristianismo para ficar somente com seus deuses, o povo de santo prefere – num ímpeto de amor gratuito – continuar com o "orixá" Jesus, respeitando e servindo-se das rezas católicas. A condescendência afro-popular, nesse caso, soa mais como uma dessas surpresas da maneira como Deus se revela, sempre soprando inesperadamente onde quer.

b) Bento XVI e o ecumenismo ameaçador

As recomendações anteriores dão conta de uma autocompreensão da Igreja que se distancia bastante do que exortavam a *Lumen gentium* e a *Gaudium et spes* (para ficarmos apenas nesses dois decisivos documentos conciliares). Alguns anos antes dos episódios relatados no item anterior (6/8/2000), a Congregação para a Doutrina da Fé trazia a público a Declaração *Dominus Iesus* (DI). O texto não conseguia disfarçar certo tom pessimista com relação ao potencial revelacional presente nas tradições religiosas não cristãs. Ali transpira o receio das consequências de uma maior aproximação com essas tradições espirituais. Do ponto de vista cristológico, a DI contrapõe o caráter pleno e definitivo da revelação de Jesus Cristo ao pluralismo religioso de princípio. Quanto a sua eclesiologia, esta retoma a clássica relação indissolúvel (ou já seria, de novo, identificação) entre Igreja e Reino de Deus, a ponto de garantir que "a verdade que é o Cristo se impõe como autoridade universal" e "a única verdadeira religião se verifica na Igreja Católica e Apostólica, governada pelo sucessor de Pedro" (n. 23). Enfim, da perspectiva do Diálogo Inter-religioso (DIR), voltamos a litigar com a conhecida afirmação da necessidade da Igreja para a salvação.

Se, de um lado, houve quase unanimidade na época ao se reconhecer que o documento apenas ratificava teses tradicionais do Magistério da Igreja, de outro, não deixou de simbolizar um freio importante na trilha aberta pelo Vaticano II. Falando especificamente do diálogo inter-religioso, DI envereda por um caminho bastante tortuoso ao cassar a qualidade de *revelação* das demais tradições religiosas. Sua proposta de distinção entre fé teologal e crenças religiosas reedita a presunçosa separação entre religiões naturais e sobrenaturais, a qual desqualifica as primeiras como meros movimentos humanos em direção ao Absoluto, que não chegariam a experimentar o Absoluto enquanto tal. É difícil hoje admitir tais categorias sem que se negue o histórico processo da autocomunicação de Deus à humanidade, afirmado tão enfaticamente na *Dei Verbum*.

No entanto, se, de um lado, temos a DI conclamando a "proclamar a necessidade de conversão a Jesus Cristo e a adesão à Igreja através do Batismo e dos outros sacramentos, para participar de modo pleno na comunhão com Deus Pai, Filho e Espírito Santo" (DI 22), de outro, estão o pluralismo religioso *de fato* e o sincretismo a permear a realização histórica da Igreja. O que fazer?

Se não voltar a beber da inspiração que jorrou dos textos e do entusiasmo do evento Vaticano II, a Igreja Católica correrá o risco de, mais uma vez, transmitir aos povos da terra uma notícia que, embora literalmente veraz, não será boa – ou seja, salvífica.

c) Papa Francisco e o sincretismo como estádio

Um ano antes da abertura do Vaticano II, um consultor da então Congregação *De Propaganda Fide* (hoje, Congregação para a Evangelização dos Povos), André Seumois, assim explicava qual deveria ser o teor do primeiro anúncio do Evangelho:

> limita(r)-se a proclamar a substância profunda do cristianismo (...), evitando a sobrecarga, o acidental, o adventício, o supérfluo. Essa é uma condição absolutamente necessária para que a mensagem cristã possa não apenas ser assimilada por almas novas, mas também introduzir nelas sua luz enaltecedora. A mensagem evangélica em sua pureza é tão rica e revolucionária que é necessário limitar-se cuidadosamente a seu conteúdo e prever inclusive uma prudente progressão em sua exposição.[19]

O citado n. 22 de *Ad gentes* está em estreita continuidade com essa inspiradora recomendação do Padre Seumoir. O sincretismo só ameaça a quem não percebe, conforme AG 22, que a "semente da Palavra de Deus" carece de longos períodos de tempo para "germinar", ser "regada pelo orvalho divino", "absorver", "transformar-se" e "frutificar" com abundância. Há aqui "de modo análogo

---

[19] SEUMOIS, A. apud SEGUNDO, J. L. *O dogma que liberta*. 2. ed. São Paulo: Paulinas, 2000. p. 148.

à economia da encarnação" um necessário e "maravilhoso intercâmbio" entre a palavra divina e "os costumes e as tradições dos povos", sendo preciso "descobrir o caminho para uma mais profunda adaptação em toda a extensão da vida cristã".

O decreto conciliar ainda não tinha disponível a palavra "inculturação", mas aponta nessa direção ao exortar que seja excluída "toda a aparência de sincretismo e de falso particularismo", preferindo (ainda de forma imprecisa, é verdade) o termo "adaptação". Embora seja questionável o uso ainda acrítico da palavra sincretismo, há uma sintonia com os três passos sugeridos pelo Padre Seumois, e que certamente evitariam a falsa evangelização que forçou, no passado, o recurso do sincretismo como estratégia, por vezes quase desesperada, de sobrevivência.

Portanto, no contato com povos de outras religiões ou mesmo nas inegáveis situações de vivência religiosa plural ou de trânsito religioso, há que se limitar "a proclamar a substância profunda do cristianismo", ou seja, a substância da fé cristã. Na exegese feita desse excerto por J. L. Segundo, trata-se de apresentar o cristianismo de tal forma que, "por seu próprio conteúdo, por seu valor intrínseco", produza no interlocutor "uma adesão pessoal (...) destinada a ser experimentada nos desafios históricos" (ibidem, 421). Em outras palavras, diminuiríamos as ocasiões de sincretismo se, de fato, soubéssemos, conforme o citado princípio do Decreto sobre o ecumenismo (UR 11), colocar as verdades cristãs numa ordem ou hierarquia de relevância. Mas quantos cristãos seriam capazes de localizar, nos textos do

Novo Testamento ou da Tradição apostólica, a substância específica da fé cristã? O que é essencial e o que é supérfluo no ciclo litúrgico ou nos ritos dos diferentes sacramentos? A ressurreição é mesmo intrinsecamente distinta da reencarnação ou apenas uma modalidade tímida de reencarnação (em que se admite que a alma só pode sair e reentrar uma única vez, desde que volte para o "mesmo" corpo)? Na medida em que os próprios cristãos não derem conta de perguntas como essas, será irreal pretender que novos adeptos não incorram em alguma forma de desvio ou mal-entendido ao serem apresentados ao cristianismo.

O Vaticano II deu reinício a uma proposta tão antiga quanto a própria fé cristã: que se anuncie a mensagem evangélica assim como ela sempre foi, ou seja, como boa notícia dada a seu interlocutor. Ao não recebê-la assim – seja pelo defeituoso testemunho dos cristãos (GS 19; 21), seja pelo excessivo aparato institucional-doutrinário das igrejas (que não sabem, ao contrário do que pedia Padre Seumois, "prever uma prudente progressão em sua exposição") –, o interlocutor não cristão resolve, por mero movimento de bom senso, fazer sínteses com os materiais que lhe estiverem mais disponíveis na própria vivência pessoal e cultural. E é legítimo que o faça, pois pior seria se, em contradição com a *Dei Verbum*, este aceitasse passivamente a doutrina cristã como um emaranhado de informações dispersas e conflitivas que não passassem por sua experiência existencial.

Nas palavras de J. L. Segundo, "os perigos de desvio da comunidade cristã serão sempre menores do que a supressão da revelação divina, ao submergir os cristãos numa multidão, em que tudo tem, numa igualdade superficial, entrada e aceitação".[20]

Parece-nos que o espírito deste pontificado, confirmado profeticamente na Exortação Apostólica *Evangelii gaudium*, é reacender nos corações cristãos "a doce e reconfortante alegria de evangelizar" (EV 2). Quem sabe ainda haja tempo para a Igreja Católica rever o que tem feito e pensado em termos de inculturação, diálogo inter-religioso, hierarquia das verdades e religiosidade popular com vistas ao que realmente importa: dar testemunho nesta terra de que o Reino é do Pai.

É com a devida atenção a este novo contexto em que se banham os católicos romanos que este livro foi concebido. Agora só resta ao leitor checar se lhe será de ajuda a reflexão aqui proposta.

---

[20] SEGUNDO, *O dogma que liberta*, cit., p. 430.

Introdução: mapeando o percurso

O que temos em comum

Papa Francisco é hoje figura de relevância internacional para além das fronteiras do catolicismo e mesmo do cristianismo. É claro que todo papa, na qualidade de sumo pontífice e chefe de estado do Vaticano, tem naturalmente essa exposição pública. A diferença é que Francisco, de fato, é um homem de atitudes e posicionamentos simpáticos ou controvertidos que chamam a atenção de públicos mais amplos.

Justamente por isso, tenho de levar em conta que nem todos os que chegarem a ler as páginas seguintes sejam nativos da comunidade teológica cristã nem de sua "teologia normal" (Th. Kuhn). Convém, portanto, dedicar alguns parágrafos para que nos situemos no contexto normalmente apelidado de teológico no Ocidente e que supõe, na maior parte do tempo, a osmose entre o pensamento semita antigo e a construção cultural greco-romana. Normalmente, livros de Teologia pressupõem o domínio de alguns termos, conceitos ou mesmo pressupostos de seu discurso, tornando algumas passagens de seus argumentos indecifráveis a curiosos e interessados em rápida informação sobre o tema.

Começo, portanto, do princípio, isto é, da impossibilidade de um conhecimento realmente teológico, se por teologia devêssemos entender o que sua etimologia sugere: o discurso de Deus sobre si mesmo. Se, em vez disso, afrouxarmos o laço e admitirmos que teologia seja apenas o discurso humano sobre Deus, as coisas não melhoram muito, já que é inconcebível ao pensamento racional humano decifrar de vez a relação entre Deus e mundo. Como suportar um suposto contato direto com Deus? O que captar? Deus é o quê? Ou é quem?

Para fugir do impasse inevitável, temos de admitir algum tipo de (inter)mediação que viabilize a ponte entre o que se imagina seja o Absoluto e, do lado de cá, tudo o que supomos faça parte do mundo – nós, inclusive. Todas as religiões sabem, cada qual a seu modo, que precisam tentar construir ou descobrir essa ponte inter-realidades.

A noção de revelação ratificada no Concílio Vaticano II (*Dei Verbum*) assume um pressuposto caro a teólogos católicos como Karl Rahner e outros: a revelação como autocomunicação divina, ou seja, uma comunicação interpessoal e não uma coletânea ou lista de afirmações doutrinais; não como mero depósito de informações corretas, e sim como caminho (pedagogia divina: *Dei Verbum* 15) em direção à sonhada plenitude final.

Entendida como educação, a concepção cristã de revelação parece soprar que, além do conteúdo ou do resultado final da ação, interessam também os caminhos que efetivamente cada ser humano trilha em sua busca de sentido para a existência. Essa compreensão é importante para o que temos a oferecer neste livro, pois as religiões e seus similares na alvorada do século XXI são companhia rotineira de nossas invenções sociais. Toda religião move-se na argamassa de uma construção social (comunitária e/ou coletiva) que vai sendo modelada ao longo de vastos espaços de tempo. Como fato social, a religião subsiste porque consegue se manter presente graças aos ritos, mitos, doutrinas e comportamentos adquiridos por seus membros.

Mais: como tomada de consciência da suposta presença do mundo espiritual no mundo visível, o conjunto de experiências que resultam no que se costuma chamar de religião é sempre algo sentido como receptor do que nos transcende e que, bem por isso, nos explicaria quem somos e de onde viemos. Quem entra em contato com essas supostas respostas não consegue guardá-las para si e sente uma necessidade intrínseca de protegê-las e divulgá-las aos demais, gerando grupos comunitários em torno desse novo achado significativo. Esse é o berço comum das religiões.

O que dissemos anteriormente sobre as religiões não tem perfeita sinonímia com a noção de revelação, conceito, por sua vez, vital em tradições como o cristianismo, qualquer que seja o viés e a ênfase que ela venha a receber ao longo dos séculos e das sucessivas teologias. Mas qualquer religião pressupõe, de algum modo, o que os cristãos chamam de revelação, na medida em que considera a si mesma como obra divina e não mera criação humana.[1] Se toda religião vem a ser a tomada de consciência da presença do divino no mundo – ou, pelo menos, o desejo infinito de que haja tal presença –, essa experiência (religiosa) será sempre sentida como receptora do "transcendente", ou seja, a descoberta do divino que se manifesta na vida humana pela mediação da história.

Uma reflexão que se proponha sair ao encontro das religiões terá de ter o cuidado de se esforçar por se colocar no lugar do outro e, se não for possível emitir ainda nenhum juízo adequado a respeito do que encontrará, ao menos fará o exercício de aprender a silenciar.

Pluralidade de termos para indicar... a pluralidade

Antes de comentar a lógica e a disposição dos capítulos desta obra, convém ainda uma última parada a fim de desbastar um escolho importante: a pluralidade terminológica do objeto principal deste livro e as consequentes controvérsias a respeito. O cientista da religião dedicado a ver o que as religiões têm feito em termos de intercâmbio recíproco e *ad intra*, em meio a sua pluralidade interna, descobre que muitos conceitos disputam a atenção de teologias que se pretendam pluralistas nestes tempos de diálogo urgente. A começar por *pluralismo*,

---

[1]   TORRES QUEIRUGA, A. *Repensar a revelação*; a revelação divina na realização humana. São Paulo: Paulinas, 2010.

cuja compreensão vai desde o pluralismo de fato meramente constatado até o pluralismo de direito ou de princípio (rejeitado, por exemplo, na declaração vaticana *Dominus Iesus*), passando pelo "pluralismo unitivo" advogado por P. Knitter e o "pluralismo contingente" sugerido por F. Catão.

Para a *Dominus Iesus*, o termo "pluralismo de direito" expressa relativismo e contradiz a unidade de princípio revelada pelo desígnio criador e salvador de Deus. Já para o teólogo pluralista J. M. Vigil, "a pluralidade concretamente religiosa corresponde à vontade de Deus e deve ser acolhida com gratidão, em vez de ser recusada ou combatida".[2] O pluralismo unitivo prevê que cada religião, sem nada perder de sua individualidade (o que lhe é próprio e irredutível), intensificará sua personalidade (a autoconsciência que virá da relação). "Cada religião mantém sua própria unicidade, a qual se desenvolverá no mais profundo da relação com as demais religiões e em mútua dependência".[3] Mais tarde, já sob influência da Teologia da Libertação, Knitter evoluirá para a proposta de um modelo "soteriocêntrico multinormado", que condiciona o diálogo a um substrato comum de responsabilidade global para o bem-estar eco-humano.[4] Já F. Catão se diz incomodado com os que pleiteiam um

---

[2] VIGIL, J. M. O paradigma pluralista: tarefas para a teologia. *Concilium* 319/1 [2007], p. 35.

[3] KNITTER, P. F. *No Other Name?* Maryknoll: Orbis, 1985. p. 9.

[4] One Earth, Many Religions. Maryknoll: Orbis, 1995. p. 17. Ver: MOLINER FERNÁNDEZ, A. *Pluralismo religioso y sufrimiento ecohumano*. Quito: Abya Yala, 2006.

pluralismo de direito que não leva em conta "o ponto de vista de Deus". Ao mesmo tempo, porém, ele está decidido a dar atenção à perspectiva das ciências humanas, pois estas encaram o pluralismo religioso como "muito mais do que simples fato, [ou seja] uma situação decorrente da condição humana e histórica". Sendo assim, Catão prefere falar de um *pluralismo de contingência* ou *contingente*, "devido às circunstâncias particulares contingentes em que são vividas as religiões".[5]

Todos esses autores, no entanto, são unânimes na defesa de uma aproximação cada vez maior das religiões em vista do bem comum, embora seja evidente que esse tema comporte várias nuanças. Assim, David Tracy se notabilizou por pleitear uma teologia irrenunciavelmente pública, ciente do pluralismo de mundos culturais que nos enriquece e desafia,[6] enquanto Habermas considera as implicações políticas do pluralismo religioso das sociedades modernas.[7]

Para os diferentes tipos e graus de encontro entre as religiões, há vários termos em baila, desde *ecumenismo* (a fé cristã celebrada entre as várias igrejas em um culto comum) até *diálogo inter-religioso* (a convivência harmoniosa entre todas as religiões), aí incluído o *diálogo afro- -inter-religioso*. Este último pode ser entendido a partir de

---

[5] Cf. CATÃO, F. *Falar de Deus*; considerações sobre os fundamentos da reflexão cristã. São Paulo: Paulinas, 2001. pp. 211-212.

[6] TRACY, D. *A imaginação analógica*; a teologia cristã e a cultura do pluralismo. São Leopoldo: Unisinos, 2006.

[7] HABERMAS, J. *Entre naturismo e religião*; estudos filosóficos. Rio de Janeiro: Tempo Brasileiro, 2007. pp. 129-167 e 348-392.

duas experiências. A primeira, como aproximação às religiões afro-americanas (*candomblé* no Cone Sul; *vodu* haitiano; *santería* cubana; a construção da *umbanda* etc.), é, de um lado, penetrar, cada vez mais, na vivência e na teologia dessas tradições; de outro, não deixar que essas religiões sejam preteridas ou jogadas em segundo plano no diálogo inter-religioso das cúpulas eclesiásticas. A segunda experiência é partir das tradições de origem afro assim como estas se situam no cristianismo: aqui se trataria de conquistar sempre mais espaço interno para a expressão e a atuação das diferenças culturais nas igrejas cristãs.[8] Na verdade, os teólogos cristãos já teriam muito a refletir se apenas focassem as experiências religiosas múltiplas que se dão no interior de uma mesma agremiação (ou pessoa) religiosa.[9]

Não é simples, porém, navegar nessas águas, pois os conceitos sempre carregam histórias, entrelinhas e armadilhas. Afinal, o diálogo já começou, a duras penas, faz tempo. Pessoas concretas, de diferentes regiões e religiões vêm-se encontrando mutuamente há milênios. No caso brasileiro, por exemplo, findou-se por plasmar a matriz religiosa brasileira e a religiosidade matricial dela derivada. Mas nem sempre as categorias pelas quais optamos conseguem dar conta dessa riqueza e de seus

---

[8] É o que parece estar fazendo a Pastoral Afro-brasileira da Igreja Católica do Brasil, e que, no fundo, coincide com um diálogo intrarreligioso praticado em comunidades sensíveis à questão das culturas autóctones ou das religiões populares.

[9] Cf. SOARES, A. M. L. Algunos desafíos del diálogo interreligioso en América Latina. *Iglesia Viva* 208 (2001), Valencia (Espanha), pp. 19-29.

reais desafios. Além dos já citados, é preciso ter outros termos em consideração.

Macroecumenismo, ratificado na Assembleia do Povo de Deus (Quito, 1992), é palavra apreciada nos grupos populares, em especial pelos Agentes de Pastoral Negros (APNs). Supõe um ecumenismo de fronteiras flexíveis, com base na experiência das comunidades. Oferece uma dificuldade não pequena pelo fato de propiciar uma confusão de propósitos com o diálogo entre igrejas cristãs, sugerindo nas entrelinhas que o encontro com as outras religiões tenha no centro a Igreja e vise à unidade da Igreja. Como explica F. Catão,

> o ecumenismo fez notáveis progressos no pós-concílio, mas... pouco a pouco começou a ser suplantado pelo que alguns até denominaram, impropriamente, macroecumenismo, que outra coisa não é senão uma forma, nem sempre feliz, de procurar satisfazer a necessidade do diálogo inter-religioso, mantendo-se de certo modo a centralidade da Igreja, ou, pelo menos, do cristianismo.[10]

Mas o fato é que "o inter-religioso tem consistência em si mesmo".[11] Por isso, talvez seja prudente usar o termo em questão com parcimônia.

Inculturação é atualmente o termo mais festejado na Igreja Católica (entre os evangélicos/protestantes, o termo predileto é *contextualização*). Encontrou consenso

---

[10] CATÃO, F. *Falar de Deus*, cit., p. 208.

[11] Ibidem, p. 209.

entre "conservadores" e "progressistas". E justamente aí mora seu perigo: duas pessoas defendendo a inculturação podem estar falando de realidades ou perspectivas diametralmente opostas. No caso das comunidades populares autóctones, normalmente se entende por inculturação uma construção que os próprios sujeitos vão fazendo em seu contexto a partir da provocação do Evangelho em suas tradições culturais. Para a hierarquia católica, no entanto, a inculturação é o ato de inserir a cultura cristã nas demais culturas; ela deveria ser o canal pelo qual a Igreja volta ao ideal de uma cultura cristã, revalorizando e renovando sua cultura tradicional.[12]

Um terceiro sentido desse neologismo é o previsto na gramática portuguesa, que conta com o vocábulo "incultura" para "qualidade, estado, caráter do que é inculto", com o sentido figurado de "ausência de cultura, de erudição". Segundo o *Dicionário Houaiss*, o elemento de composição antepositivo *cult-* (de *colo, is, colùi, cultum, colère*) traz no vocábulo latino *incòlo, is, incolùi, incultum, incolère* (habitar, residir, morar) o prefixo *in-* com valor intensivo. Todavia, no português e em línguas modernas se adota o *in-* ("não") com base no adjetivo latino *incultus, a, um* ("não cultivado, inculto"). Com essa carga semântica, temos em português os vocábulos incultura, incultivo, incultural e inculturar. Por coerência com esse uso, teríamos de usar *inculturação*, na acepção da palavra, no sentido de "tornar alguém ignorante" ou "reduzi-lo ao total desconhecimento de sua cultura". Em

---

[12]   Cf. COMBLIN, J. As aporias da inculturação – I. *REB*, 223 (1996), pp. 664-665.

suma, *inculturação* é, em português, na melhor das hipóteses, colocar uma determinada cultura ou elementos da mesma dentro de outra grandeza religiosa ou cultural (uso conveniente no ponto de vista da cúria católico-romana); na pior das acepções, significa reduzir alguém à ignorância ou ao desconhecimento de dada cultura. Temos aí, portanto, uma palavra que granjeou nossa simpatia, mas que provém de um berço ambíguo e preocupante.

No entanto, é preciso admitir que, de um lado, há sérias objeções ao termo inculturação por parte de setores da hierarquia católica (J. Ratzinger), de outro, esse termo é visto com simpatia pelos teólogos mais progressistas. Para P. Suess, por exemplo, inculturação "é o intento de assumir as expressões culturais de outro grupo social a fim de comunicar o Evangelho". Ele a vê como "inserção na cultura do outro" que nunca deixa de ser "um aprendizado precário", já que "nenhuma cultura é perfeita ou pura".[13]

Suess está se contrapondo à ideia apresentada pelo então cardeal J. Ratzinger, que sugeria, em 1992, trocar o termo inculturação pela expressão "encontro de culturas" com o sentido de "interculturalidade". Com isso se vislumbrava como meta a "universalidade potencial de todas as culturas" por meio de uma "páscoa curativa" que faria a cultura passar da morte (destruição) à

---

[13] SUESS, P. Interculturalidade, interculturação, inculturação: apontamentos a partir do dossiê sistemático e histórico em vista de uma missão pós-colonial. *REB*, 298 (2015), pp. 450-462.

ressurreição.[14] Suess desconfia dessa proposta de "missão intercultural" e "encontro fraterno de culturas", que não ultrapassa o marco de uma convivência pacífica, fundada numa ontologia descompromissada, não encarnada, de equidistância indiferente entre culturas e credos, sugerindo, em vez disso, ser menos insidiosa a proposta de "missão em situação de interculturação", que "visa a um mundo para todos" com "redistribuição dos bens e dos saberes". Enfim, uma "interculturação militante inculturada".[15]

Inreligionação[16] é termo novo que ainda causa estranheza aos iniciados em teologia cristã. Mas o desafio que encara é antigo, e já devia estar subentendido no termo "inculturação", ao menos na acepção adotada por P. Suess e os teólogos da inculturação, como vimos antes. A ideia de fundo é que toda religião transforma-se a partir de dentro, no contato com as demais. Gostemos ou não, o artefato religião se reconfigura ou se reordena no ritmo das crises, descobertas e intercâmbios que realiza com os demais sistemas religiosos. Nesse processo as pessoas não precisam apostatar ou sair de suas religiões de origem. Uma comunidade religiosa deixa-se tocar por

---

[14] Suess se refere à fala de J. Ratzinger proferida nos Salzburger Hochschulwochen 1992, cujo tema foi "Evangelho e inculturação". A referência completa está em ibidem, pp. 450-451 e 462.

[15] As aspas vêm de ibidem, pp. 450-462.

[16] Cf.: TORRES QUEIRUGA, A. *Repensar a revelação...*, cit., pp. 367-371; Idem. *Autocompreensão cristã*; diálogo das religiões. São Paulo: Paulinas, 2007. pp. 167-188; Idem. *Do terror de Isaac ao Abbá de Jesus*; por uma nova imagem de Deus. São Paulo: Paulinas, 2001. pp. 315-355. Sua estranheza tem a vantagem de não possuir precedentes como "incultura" e "incultivo" em português.

outra religião, assimilando o que lhe parece fazer mais sentido e descartando o que não lhe convém ou o que não consegue traduzir para seu próprio código.

O problema é que, por exemplo, muitos praticantes da tradição dos orixás, da umbanda, do vodu, da santeria ou de outras variáveis religiosas de nossa herança indígena e africana fizeram e continuam fazendo exatamente isso. Se consideramos, portanto, o inreligionar de um ponto de vista não cristão, ele em quase nada difere daquilo que se costuma chamar, quase sempre em tom mais pejorativo, como processo de...

... *Sincretismo*. Quando o mencionamos, o primeiro impulso costuma ser o de pensar em algo degradado, em um defeito de produção. Imaginamos um catolicismo imerso e acomodado em hábitos, formulações e/ou convicções deturpadas do cristianismo original. Mas as coisas não são necessariamente assim. É o cristianismo oficial, clerical, asséptico, que jamais existiu na vida real, pois o que existe são "apenas diferentes sistemas de tradução do cristianismo em condições concretas de vivência humana. As formas populares merecem tanto respeito quanto as formas oficiais".[17] De fato, como admite J. Comblin, referindo-se especificamente ao cristianismo,

> a Igreja também tem uma religião, embora essa religião (assim como existe hoje) não tenha vindo de Jesus (...) mas é o resultado do trabalho cultural de muitas gerações cristãs. Jesus não deixou uma religião pronta,

---

[17] Cf. COMBLIN, J. *Os sinais dos tempos e a evangelização*. São Paulo: Duas Cidades, 1968. p. 260.

mas uma crítica às religiões. (...) Todo o aparelho institucional foi construído a partir das religiões que os discípulos de Jesus encontraram no seu caminho.[18]

Esses exemplos deveriam bastar para afirmarmos que, na realidade, o que há são os contatos religiosos que se estabelecem entre grupos e indivíduos com distintas formas de diálogo. Obviamente, o cotidiano é rico em nuanças, que vão da dupla ou múltipla vivência ao sincretismo, passando pelo trânsito religioso. Este último acaba sendo inevitável, pois os modelos jamais esgotam a experiência religiosa e hoje a possibilidade de testar outras modalidades místico-rituais ficou bastante facilitada pelo pluralismo cosmopolita. Aliás, faz parte da ideia mesma de "modelo" tal delimitação que tende sempre a deixar "algo" de fora.

Em suma, é um trabalho de Sísifo tentar conter a fome religiosa das pessoas dentro de certos ingredientes e temperos, ainda mais se consideramos estes tempos hipermodernos, de extremada secularização de um lado e abundante oferta de significantes religiosos, de outro. Por isso, adotar um termo que adquiriu, em alguns lugares, valência negativa pode ter a função pedagógica de suscitar uma crítica mais profunda das pressuposições sobre as quais tais significados se fundamentam. Isso seria bem mais difícil, se o termo fosse meramente evitado ou camuflado por sinônimos menos indigestos.[19] É óbvio,

---

[18] Idem. *O caminho*; ensaio sobre o seguimento de Jesus. São Paulo: Paulus, 2004. pp. 212, 213 e 214.

[19] STEWART, C.; SHAW, R. *Syncretism/antisyncretism*; the politics of religious synthesis. New York: Routledge, 1994. p. 2.

porém, que não pretendo afirmar que o termo "sincretismo" cubra todo o espectro do fenômeno em discussão. Por exemplo, ele deixa na penumbra a lógica e os critérios que presidem a seleção de alguns itens e a rejeição de outros; não dá conta dos graus de fusão intercultural e dá a impressão de excluir o agente individual do processo. Por isso, enquanto os estudiosos da cultura não chegarem a um consenso a respeito, temos de continuar nos servindo de um leque de termos-metáfora a fim de não trairmos exageradamente as construções culturais em andamento.

Mas a ambivalência vai além do termo "sincretismo". Também a expressão *interfaith theology* (teologia interconfessional), que compõe a proposta que analisarei na conclusão desta obra, não está livre de duplo sentido. É bom checá-la também, uma vez que tenciono sugerir que já está em andamento uma reflexão teológica (cristã) mais ampla, que inclui a discussão do sincretismo nas fronteiras de uma teologia multirreligiosa ou interconfessional. Todavia, basta uma rápida busca pela web para constatar que alguns cursos oferecidos sob o guarda-chuva *interfaith*[20] não ultrapassam o arco da teologia comparativa. No outro extremo, portais *new age* parecem se deter no simples relativismo de que "tudo dá na mesma". Também há quem aposte em um novo tipo de Teologia da Libertação que desamarre as religiões de suas instituições[21] em nome de uma teologia

---

[20] Ver, por ex., os cursos oferecidos no Hartford Seminary: <http://www.hartsem.edu/>. Último acesso: 14/12/2015.

[21] MAYSON, C. A *New Kind of Liberation Theology*; Liberating Religions From Their Institutions. In: <http://ilrs.org/faith/f2k5.4.html#article%203>. Último acesso: 14/11/2015.

interfaith da transformação. Esta promoveria um enxerto recíproco entre o holismo da cosmovisão tradicional africana/ameríndia e a introspecção profética dos antigos hebreus.[22] E até mesmo um autor renomado como G. O'Collins usa a expressão ao explicar "a estrutura trinitária da teologia ecumênica e *interfaith* de João Paulo II".[23] Como se vê, também esse termo já caminha para uma polissemia nada desprezível.

Contudo, se os termos são importantes, não merecem, porém, que descansemos demais sobre eles. Há escolhas de fundo mais relevantes e o primeiro capítulo, "De uma teologia sem saída à teologia em saída",[24] sintonizado com as dificuldades inerentes ao processo da pesquisa e da produção teológicas no catolicismo, chama a atenção para esse aspecto. Após tecer algumas considerações motivadas pelo controvertido hábito do Magistério católico de distribuir notificações, advertências e suspensões a seus intelectuais mais renomados, procuro contrabalançá-las insistindo na validade e na relevância do esforço teológico para o bem das comunidades de fé esparsas pelo mundo. Apesar dos limites e dos riscos inerentes a esse tipo de função no interior

---

[22] Idem, A South African Experience of Politics, Religion and Civil Society. In: <http://ilrs.org/budapest/budapest.html#za>. Último acesso: 14/11/2015.

[23] O'COLLINS, G. *Living Vatican II, the 21st Council for the 21st Century*. Mahwah, NJ: Paulist Press, 2006.

[24] O capítulo revisa e amplia a versão preliminar aparecida em: SOARES, A. M. L. O fazer teológico e seus percalços. In: Idem. *No espírito do Abbá*; fé, revelação e vivências plurais. São Paulo: Paulinas, 2008. pp. 27-56.

da comunidade cristã, não é raro ouvir de teólogos dessa Igreja romana que lhes apetece tomar parte na difícil missão de traduzir em linguagem crítico-conceitual a experiência mística originária dessa milenar tradição. Aliás, toda e qualquer tradução é um caso óbvio de hibridação, uma vez que esta se define pela busca, em palavras e ideias familiares a quem lê, de um "efeito equivalente" que poderia ser ininteligível no contexto de quem concebeu o texto original.[25]

Após essas ponderações, o ideal seria seguir adiante com um capítulo específico que retrabalhasse de forma mais arejada o tema da revelação na tradição cristã. Como já o fiz recentemente em outro lugar, reenvio o leitor a este texto e a seus similares,[26] onde procuro iluminar a perspectiva e as principais categorias utilizadas na composição das mútuas interações entre a revelação soprada por Deus, o sincretismo de nossas respostas provisórias e a libertação por todos ansiada enquanto etapa da plenitude vindoura.

Os dois capítulos subsequentes apresentam e analisam dois exemplos concretos e contemporâneos das interações mútuas entre a tradição cristã e as realidades histórico-culturais por ela tocadas, mexidas e desarrumadas, em diferentes graus de consciência e de coerência ética. O primeiro deles, "Do catolicismo às tradições

---

[25] BURKE, P. *Hibridismo cultural*. São Leopoldo: Unisinos, 2003. p. 27s.

[26] Este é o tema central do recente: SOARES, A. M. L. *Revelação e diálogo intercultural*; nas pegadas do Vaticano II. São Paulo: Paulus, 2015. Mas está resumido no cap. 2 de: Idem. *No espírito do Abbá...*, cit., pp. 59-81.

africanas", foi ensejado há alguns anos pela passagem do 20º aniversário de morte de um dos pioneiros do diálogo cristão com as tradições religiosas de origem africana no Brasil, François de L'Espinay, sacerdote católico francês e ministro de Xangô no *Ilê Axé Opô Aganju*, em Salvador da Bahia.[27]

No capítulo seguinte, retomo a discussão que mantive durante o Simpósio Internacional 40 Anos do Concílio Vaticano II, quando apresentei, juntamente com José María Vigil, a mesa temática "Desafios do diálogo intra e inter-religioso em tempos de pluralismo e de crise da religião".[28] Ali propus, do ponto de vista da ciência da religião, alguns casos típicos que ilustram como a realidade plural da América contemporânea é construída e experimentada. Tentei demonstrar a complexidade dos fenômenos e a dificuldade de distinguir, entre nós, situações de crise da religião (como parece sofrer hoje a

---

[27] Este capítulo reproduz o texto publicado em: SOARES, A. M. L. Du catholicisme aux traditions africaines. In: MARTINEZ, L.; CARRASCO-PAREDES, N.; MATTHEY, J (éd.). *Chemins de la théologie chrétienne en Amérique Latine*. Paris: AFOM/Karthala, 2014. pp. 223-240. Sua primeira versão apareceu em: Idem, Diálogo na escola de François de L'*Espinay*: catolicismo e tradições africanas. REB (Revista Eclesiástica Brasileira), 67 (2007), pp. 593-608; depois reelaborada em: Idem, Do catolicismo às tradições africanas. In: *No espírito do Abbá...*, cit., pp. 85-114.

[28] Os textos das palestras e principais comunicações do Simpósio Internacional 40 Anos do Concílio Vaticano II 1965-2005, sediado no TUCA – Teatro da PUC-SP (31/10 a 3/11/2005), estão disponíveis em: SOARES, A. M. L.; RAMMINGER, M.; MOREIRA, A. S. (org.). *A primavera interrompida*. O projeto Vaticano II num impasse. Panamá: Ed. Servicios Koinonia, 2005 (http://www.servicioskoinonia. org/LibrosDigitales). No mesmo sítio, está a versão em espanhol: *La primavera interrumpida*: el Vaticano II en un impase.

Europa ocidental) e exemplos de reavivamento religioso. Deste lado do Atlântico, os fenômenos são simultâneos e — o que é mais fascinante —, às vezes, recorrentes na mesma comunidade ou pessoa.[29] Desses casos, selecionei um para este livro e o apresento com o título "Das tradições africanas às tradições afro-brasileiras",[30] a fim de fazer contraponto ao capítulo que imediatamente o antecede, e que se inspira no movimento católico de ir ao encontro dos mistérios ancestrais africanos.

De fato, Padre L'Espinay é um dos precursores, no Brasil, do que depois ficou conhecido como Agentes de Pastoral Negros (APNs) e, mais recentemente, assumido pela Igreja Católica (CNBB) como Pastoral Afro-brasileira. Já com pai Simbá, fundador na metrópole de São Paulo da Comunidade Católica Apostólica Espiritualista Nosso Senhor do Bonfim, e que também atende por Padre Lima, são as tradições africanas, remixadas na América luso-indígena, que voltam a buscar o catolicismo. E aí, numa criatividade religiosa extremamente ousada, querem encontrar novos significados e linguagens para

---

[29] Em outra ocasião, voltei ao tema para ilustrar a tese de que não é apenas a religião que tem força de transformação social, a sociedade também provoca importantes mudanças religiosas. Cf.: SOARES, A. M. L. A metrópole paulistana e seus hibridismos: o catolicismo de pai Simbá. In: SOTER (org.). *Religião e transformação social no Brasil hoje*. São Paulo: Paulinas, 2007. pp. 247-267.

[30] Este capítulo retoma, atualiza e amplia a perspectiva de uma versão anterior publicada em meu livro, já esgotado, *No espírito do Abbá...*, cit., pp. 115-150. O texto recupera os dados de: SOARES, A. M. L. Hibridismos católicos na metrópole paulistana: algumas anotações sobre a contribuição afro-brasileira. *Religião & Cultura* 5/9, 2006, pp. 77-97; Idem, Sincretismo dos migrantes nas cidades e a tarefa da teologia pastoral. *Espaços* 19/1, 2011, pp. 87-103.

sua fé originária. Algo como uma inreligionação às avessas, com todo o respeito à categoria proposta por Torres Queiruga. Ou, para dizê-lo com Pierre Sanchis, eis o sincretismo em ação, isto é, "a tendência a utilizar relações apreendidas no mundo do outro para ressemantizar o seu próprio universo". Mas há outra questão a ser encarada pelo capítulo: é preciso levar a sério o fato de que teologia afro-brasileira não é mais somente a teologia cristã que pensa este objeto; é também todas as teologias que já existem ou poderão vir a surgir na medida em que sujeitos das mais variadas denominações afro--religiosas começarem a pensar criticamente sua fé em categorias conceituais próximas daquelas ocidentais.[31]

O último capítulo, "A teologia interconfessional entre o sincretismo e a tradição",[32] de cunho prospectivo, fecha a reflexão com uma síntese das principais questões que envolvem o tema das interações religiosas híbridas. Aí se sugere a possibilidade de um passo adiante, configurado numa *interfaith theology* que abrace o desafio de pensarmos de forma interconfessional, ou até mesmo transconfessional, o futuro das próximas gerações. Em suma, essa conclusão terá um caráter de chave de leitura para o prosseguir das discussões.

---

[31]   SANCHIS, P. Pra não dizer que não falei de sincretismo. *Comunicações do ISER*, 13/45 (1994), pp. 4-11 (aqui: pp. 6-7).

[32]   Cf.: Sigo aqui a última versão deste texto publicada recentemente em: SOARES, A. M. L. Syncrétisme et théologie interconfessionelle. In: MARTINEZ, L.; CARRASCO-PAREDES, N.; MATTHEY, J. (éd.), op. cit., pp. 191-211.

Capítulo 1

De uma teologia sem saída à teologia em saída

"Discerni tudo, ficai com o que é bom" (1Ts 5,21).

De volta à beata insegurança

Hoje, recordamos uma daquelas testemunhas que souberam testemunhar nestas terras a alegria do Evangelho: Padre Junípero Serra. Soube viver aquilo que é "a Igreja em saída", esta Igreja que sabe sair e ir pelas estradas, para partilhar a ternura reconciliadora de Deus. Soube deixar a sua terra, os seus costumes, teve a coragem de abrir sendas, soube ir ao encontro de muitos aprendendo a respeitar os seus costumes e as suas características.[1]

---

[1] Papa Francisco, missa de canonização do Beato Padre Junípero Serra, Santuário Nacional da Imaculada Conceição, Washington, 23/09/2015. Cf.: <http://br.radiovaticana.va/news/2015/09/23/papa_

O Papa Francisco presidiu, em 23/9/2015, à missa de canonização do Beato Padre Junípero Serra, apóstolo da Califórnia, no Santuário Nacional da Imaculada Conceição, em Washington. Suas palavras retomam o que já escrevera na exortação *Evangelii Gaudium*, ao enfatizar a constância com que, na Bíblia, aparece esse dinamismo de "saída", que Deus quer provocar nas pessoas. Abraão, Moisés, Jeremias e naquele "ide" de Jesus a seus futuros apóstolos. "Hoje todos somos chamados a esta nova "saída missionária", apela Francisco, e "cada cristão e cada comunidade há de discernir qual é o caminho que o Senhor lhe pede".

Se, como diz o papa, "todos somos convidados a aceitar este chamado", também a reflexão teológica e os intelectuais que a ela se dedicam em tempo integral bem poderiam se incluir nesse desafio de "sair da própria comodidade e ter a coragem de alcançar todas as periferias que precisam da luz do Evangelho" (EV 20).[2]

É neste espírito que retomo aqui questões intricadas como sincretismo e diálogo inter-religioso, que tocam várias suscetibilidades, dentro e fora da Igreja Católica. Mantenho uma continuidade de fundo com o que venho

---

jun%C3%ADpero_soube_viver_aquilo_que_%C3%A9_a_igreja_em_sa%C3%ADda/1174231>. Último acesso: 14/11/2015.

[2] Cf.: Exortação apostólica *Evangelii gaudium* (http://w2.vatican.va/content/francesco/pt/apost_exhortations/documents/papa-francesco_esortazione-ap_20131124_evangelii-gaudium.html#I._Uma_Igreja_%C2%ABem_sa%C3%ADda%C2%BB. Último acesso: 14/11/2015).

refletindo desde a publicação de *Interfaces da revelação*.[3] Nessa obra, procurei sistematizar teoricamente a possibilidade de uma leitura teológica do fenômeno captado pela ciência da religião como sincretismo ou hibridismo religioso. De fato, a desenvoltura com que as ciências humanas se dedicam às variáveis resultantes do encontro da criatividade cultural com os escolhos da dura realidade é inversamente proporcional à prudência teológica em acolher essa criatividade para dentro dos seus sistemas de pensamento.

Em outras palavras, é difícil, por exemplo, para uma teologia cristã, no alto grau de especialização em que se encontra após séculos de aprimoramento de seu linguajar dogmático, contemplar a experiência sincrética não apenas como desvio de conduta e pensamento, mas também como possível provocação a conceitos teológicos já empoeirados, servindo como fonte de novidade na busca de novas formas de compreender e expressar a fé tradicional.

Por outro lado, como já escrevi em outras ocasiões, o cristianismo não tem como escapar do dilema do sincretismo, pois é uma religião que se quer universal, isto é, destinada a conter, em princípio, toda a pluralidade encontrável no gênero humano. Para tamanha pretensão, seu principal argumento é a certeza de que a revelação de Deus à humanidade tenha atingido, em Jesus de Nazaré, um nível de profundidade jamais equiparado antes ou depois. Uma resolução no mínimo original do nó

---

[3] SOARES, A. M. L. *Interfaces da revelação*; pressupostos para uma teologia do sincretismo religioso. São Paulo: Paulinas, 2003.

recorrente em todas as escolas de pensamento da história: como explicar o imanente, o efêmero, o originado sem apelar ao que, ao menos por hipótese, o transcende? Mas a resposta cristã também traz consigo sua própria aporia: como conciliar o absoluto (Deus) que se revela com a inevitável relatividade (historicidade) do meio utilizado (mundo, ser humano) e de seus resultados (revelação, encarnação, salvação)?[4]

Ponderando, com seu habitual bom senso, as qualidades do conhecimento religioso, o teólogo jesuíta Roger Haight explica por que esse saber é misterioso, mediado e dialético. É misterioso porque seu objeto, a realidade transcendente, está indisponível à percepção imediata e não pode ser comparada com as concepções que dela temos. Daí resulta que só podemos perceber e apreciar a realidade última através de símbolos deste mundo, símbolos que tão somente atraem mistagogicamente o espírito humano para o âmbito da transcendência absoluta e infinita. No final, a percepção e o conhecimento obtidos por semelhante mediação simbólica são inerentemente dialéticos; eles "tanto representam quanto não representam aquilo que medeiam". Por isso, "as afirmações cristãs sobre Deus são simultaneamente negadas em sua própria afirmação à luz da transcendência daquilo para o que apontam e que medeiam".[5]

Uma nova humildade nasce da consciência dessa natureza do conhecimento religioso. De fato, uma

---

[4]   Ibidem, p. 17.

[5]   HAIGHT, R. *O futuro da cristologia*. São Paulo: Paulinas, 2008. p. 131.

religião que se pretenda universal e que fundamente sua argumentação na crença de que o absoluto de Deus se concentra na relatividade de um ser humano localizável no tempo e no espaço, não pode desconsiderar teologicamente a análise do sincretismo como reação passiva ou como reelaboração criativa. Podemos, é claro, driblar o problema lançando mão de sinônimos e neologismos que atenuam o impacto da questão. No caso do cristianismo e/ou das religiões monoteístas contemporâneas, muitos termos foram propostos ou tomados de empréstimo[6] de outras ciências para descrever o resultado criativo entre a chegada da mensagem evangélica a dada comunidade ou cultura e sua tradução dentro das (im) possibilidades desses destinatários. Da *plantatio ecclesiae* à inreligionação, passando por similares como inculturação, enxerto, tradução, sincretismo, interculturalidade, indigenização, contextualização e macroecumenismo, cada qual comporta suas nuanças ideológicas e os limites previsíveis de qualquer figura de linguagem. Mas no fundo fica, muitas vezes, a impressão de que temos palavras demais em circulação para descrever o mesmo fenômeno. Há mesmo quem diga, em consonância com o historiador da religião Robert Baird, que se é verdade que "todas as religiões são sincréticas" e

---

[6] No plano antropológico, P. Burke cataloga e analisa dezenas desses termos. Por exemplo, a palavra "empréstimo" é uma das metáforas em voga, oriunda das ciências econômicas, para descrever o processo de interação cultural e suas consequências. Da zoologia veio o termo "hibridismo"; da metalurgia, "caldeirão cultural"; a culinária brindou-nos com o "ensopadinho cultural"; a linguística ofereceu-nos tradução cultural e "crioulização". Para P. Burke, as metáforas linguísticas são as mais esclarecedoras (BURKE, P. *Hibridismo cultural*. São Leopoldo: Unisinos, 2003. p. 40).

que "tais empréstimos, sondagens e influências fazem parte de todo processo histórico", sendo por isso inevitáveis e universais, "então, não há nenhuma razão para aplicar o termo 'sincretismo' a tais fenômenos". Em suma, dá no mesmo dizer que um fenômeno é sincrético ou "admitir que tem uma história e pode ser estudado historicamente".[7]

Nem precisamos ir tão longe para admitir que o fenômeno extrapola o cristianismo ou as religiões monoteístas. Mas não há como negar que este seja particularmente perturbador nessas tradições, pois sua doutrina pede uma definitividade ou plenitude já encontrada na história e acessível por meio de documentos disponíveis a qualquer pessoa, fiel ou agnóstico.

Porém, o problema principal dos estratos dirigentes cristãos nem é pastoral. Nesse nível, é quase sempre serena a constatação paternalista de que se carece de muita sabedoria, pedagogia e ternura para com as pessoas, sobretudo as mais pobres e iletradas, quando, com reta intenção, conectam suas devoções marianas e o culto aos santos católicos com a memória dos antepassados e as obrigações devidas a seus orixás. Por sinal, esse cuidado pastoral é tradicional no cristianismo.[8] Inspirados

---

[7] BAIRD, R. Syncretism and the History of Religions. In: Syncretism in Religion: a reader, p. 51, apud CASTRO, J. T. Por uma antropologia do sincretismo: analogias entre discursos africanos e latino-americanos. *Religião & Cultura* 5/10 (2006), pp. 45-61 (aqui: p. 56).

[8] Com os exageros e pecados que todos conhecemos. Cf., por exemplo, SOARES, A. M. L. Sincretismo afro-católico no Brasil: lições de um povo em exílio. *Rever*, São Paulo, v. 2, n. 3, pp. 45-75, 2002 (www.pucsp.br/rever).

talvez na proposta de Cícero, o célebre orador romano, de que um discurso deve sempre "acomodar-se" a cada plateia, pastores como o Papa São Gregório Magno propuseram a necessidade de adaptar a mensagem evangélica a um nível aceitável a não cristãos. Uma atitude admirável, embora limitada, no parecer de J. L. Segundo, por uma "pedagogia apressada" que acabou comprometendo os resultados pretendidos.[9] Para Segundo, a Idade Média resultou, de um lado, do movimento de condescendência dos evangelizadores cristãos; de outro, do protagonismo dos povos chamados "bárbaros", que forçaram seus pastores a responderem às suas próprias perguntas, de teor mágico, para as quais as complexas elaborações patrísticas tinham pouca serventia.[10]

Tudo isso precisa ser considerado pelos estudiosos de cristianismo de um ponto de vista pastoral. Todavia, dificuldade extra se apresenta quando o teólogo cristão se pergunta se o sincretismo (ou como quer que se apelide esse fenômeno) não tem algo a dizer do ponto de vista teológico e dogmático. A teologia não teria aí algo a reelaborar em sua tradicional compreensão da revelação de Deus. Que consequências teria para a doutrina cristã levar a sério que seu Deus se revela generoso e paciente para com os recursos que estão humanamente disponíveis ao ser humano para captar sua discreta aproximação?

---

[9]   SEGUNDO, J. L. O dogma que liberta. São Paulo: Paulinas, 2000. pp. 278-285.

[10]   Discuto essa abordagem segundiana em: SOARES, A. M. L. Interfaces da revelação, cit., pp. 177-183.

Ao estudioso de religiões pode parecer curioso como, de um lado, muitos teólogos rejeitem peremptoriamente a experiência sincrética – isto é, a capacidade de ligar elementos que não poderiam, até onde o entende a teologia tradicional, ser unidos – e, de outro, afirmem sem titubeios ser Jesus de Nazaré uma mesma pessoa (divina) com duas naturezas (humana e divina) radicalmente distintas, que não se misturam, não se fundem, nem se separam. Igualmente estranho ao observador externo é ver que a teologia, de um lado, desqualifica por princípio o esforço popular de juntar deuses diferentes e aparentemente contraditórios numa mesma experiência religiosa; e, de outro, ela nem ao menos desconfia da possível semelhança entre tal prática e, por exemplo, a genial formulação simbólico-teórica do dogma trinitário. Ou o dogma cristão da Trindade divina não procura o difícil equilíbrio entre a convicção monoteísta e a experiência do múltiplo na divindade?

É por essa razão que continua sendo estimulante o estudo do sincretismo e das interações entre a mensagem supostamente original de dada religião e sua prática cultural. Vários teólogos e teólogas cristãos, por exemplo, vêm percebendo que um adequado acesso hermenêutico às fontes bíblicas, combinado com uma reflexão especulativa mais arejada, consegue evidenciar uma disposição dialogante já no interior mesmo da tradição cristã. Tratei da fundamentação teórica para tal posição em trabalhos anteriores. Aqui vou procurar captar esse processo em andamento, selecionando alguns casos exemplares para, ao final, averiguar até onde e em qual direção os intelectuais cristãos poderão continuar avançando antes de admitirem que já estão velejando em outro neossistema religioso.

Entre a ousadia crítica e o devido respeito ao Magistério

A atual conjuntura de distensão entre teólogos católicos e Cúria Romana não deve apagar muito rapidamente a fase duríssima vivida nas décadas anteriores. Que o digam mestres da reflexão e especialistas em receber "notificações vaticanas" como Roger Haight, Tissa Balasuriya, Jacques Dupuis, Jon Sobrino, José Antonio Pagola, José María Vigil e Andrés Torres Queiruga. A lista inclui os principais nomes da Teologia da Libertação e, antes destes, sumidades como Karl Rahner, Yves Congar, Marie-Dominique Chenu, Edward Schillebeeckx e tantos outros. E nem citemos os mais impacientes, como Hans Küng, Leonardo Boff e Eugen Drewermann. Todos, porém, com um patrono de peso. Setecentos anos antes, a obra de Tomás de Aquino foi considerada perigosa aos neófitos, apenas sendo liberada porque indicada em doses prudentes, com precisos cortes e omissões feitos – como dizia Ghislain Lafont – *ad mentem Augustinis*.[11]

A conjuntura católica atual, que parece incentivar a teologia a ser uma "teologia em saída", sucede um longo período em que parecia não ser prudente se arriscar

---

[11] LAFONT, G. *História teológica da Igreja católica*; itinerário e formas da teologia. São Paulo: Paulinas, 2000.

a fazer uma teologia que não fosse, como se dizia antigamente, "chapa branca". No entanto, mesmo nesse período mais trevoso, intelectuais como o jesuíta Juan Luis Segundo já ensinavam que, por incrível que pareça, há muito espaço de liberdade e criatividade dentro dos limites que circunscrevem o labor teológico. Os riscos não deveriam surpreender nem mesmo desanimar, afinal, propor-se a traduzir em linguagem crítico-conceitual (dogma, doutrina) uma experiência mística (aceita como experiência do divino) recebida pela tradição e por escritos que a codificaram numa linguagem mais próxima do simbólico e do literário (na Bíblia, por exemplo), está longe de resultar em conteúdos definitivos, válidos *una tantum*, agraciados pela unanimidade do que a tradição cristã chama de *sensus fidei*.

Este livro está delimitado pelo contexto da teologia católica. Não é minha opção; é o limite pessoal de minha competência no estudo de religiões. Mas o ofício do teólogo cobre horizontes muito mais vastos que incluem todo aquele que, a partir de qualquer religião de origem, reflete criticamente sobre os fundamentos e a coerência interna de sua própria tradição de fé. E se assim o fizer, não terá problemas menos desafiadores do que estes que se interpõem atualmente entre teólogos e teólogas de confissão católica e suas respectivas hierarquias.

Muitos teólogos católicos ainda se lembram da longa série de "Notificações" sofridas por intelectuais do clero romano mais ariscos à teologia de sua cúria. À guisa de exemplo, consideremos o caso da polêmica *Notificação* emitida anos atrás pela Congregação para a Doutrina da Fé acerca de duas obras consagradas do teólogo jesuíta

Jon Sobrino.[12] Ela baseava-se, como é natural, em alguns pressupostos – alguns, explícitos; outros, nem tanto. Explícita, por exemplo, era a convicção de que "somente a partir da fé eclesial, o teólogo pode adquirir, em comunhão com o Magistério, uma inteligência mais profunda da Palavra de Deus contida na Escritura e transmitida pela tradição viva da Igreja". "A verdade revelada pelo próprio Deus em Jesus Cristo", asseverava o documento, "e transmitida pela Igreja, constitui o princípio normativo último da teologia".

E prosseguia o texto curial: "Quem introduz a Igreja na plenitude da verdade" "é o Espírito Santo", "e somente na docilidade a este 'dom do alto' a teologia é realmente eclesial e está a serviço da verdade". Só assim será fecunda uma reflexão teológica: "se não temer se desenvolver no fluxo vital da tradição eclesial" (n. 11).

Nenhum católico mais esclarecido negaria a pertinência de tais asserções. E, no entanto, elas precisam pressupor como unívocas concepções que nem sempre o são. O atual pontificado de Francisco é a prova concreta de que a instituição Igreja Católica comporta distintas hermenêuticas da letra de seus decretos. Por exemplo, quando a citada Notificação fala de "fé eclesial", também deseja incluir nela o ortodoxo *sensus fidei fidelium*? A docilidade ao Espírito preservaria a teologia cristã de toda e qualquer imprecisão ou é mais correto dizer que o esforço por traduzir conceitualmente o que se entende

---

[12] O texto integral da Notificação vaticana está em: <http://www.vatican.va/roman_curia/congregations/cfaith/documents/rc_con_cfaith_doc_20061126_notification-sobrino_po.html>.

por mistério mantém a construção teológica numa constante provisoriedade, ainda que inspirada pelo mesmo Espírito? Se o texto tivesse sido escrito no pontificado de Francisco, a segunda alternativa seria a correta.

Estar, conforme dizem os redatores da Nota, "a serviço da verdade" equivale a estar literalmente "na verdade"? Uma teologia que "não teme se desenvolver no fluxo vital da tradição" não deveria, justamente por isso e na obediência da fé, ousar ir além dos conceitos e fórmulas dogmáticas que, embora eficazes no passado, podem, em outros contextos, dificultar ou impedir o que os cristãos acreditam ser sua genuína experiência de Deus? De novo, é a segunda alternativa aquela que mais sintoniza com uma "teologia em saída".

A *Notificação* declara que seu principal fim é fazer com que todos os fiéis percebam a fecundidade de uma reflexão teológica destemida que se desenvolve sem abandonar sua tradição de origem. É óbvio que, para serem capazes de percebê-lo, os fiéis deverão ter acesso suficiente aos itens em jogo, além daquela liberdade adulta que, segundo o apóstolo Paulo, pertence aos que se sabem herdeiros. Só assim estarão em condições de avaliar quais teologias assumem o compromisso de crescimento fiel à tradição.

De sua parte, porém, em Carta ao Cardeal Grão-chanceler da Universidade Católica Argentina, Papa Francisco insistia em que, embora "radicada e fundada na Revelação, na Tradição", a teologia deve acompanhar "também os processos culturais e sociais, em particular as transições difíceis". E pedia:

Não vos contenteis com uma teologia de escritório. O vosso lugar de reflexão sejam as fronteiras. E não cedais à tentação de ornamentá-las, perfumá-las, consertá-las nem domesticá-las. Até os bons teólogos, assim como os bons pastores, têm o odor do povo e da rua e, com a sua reflexão, derramam azeite e vinho sobre as feridas dos homens.[13]

Embora o pontificado de Francisco tenha rapidamente deixado para trás o clima inquisitorial da cúria vaticana,[14] não deixa de ser verdade que a repercussão nas igrejas locais de documentos vaticanos de admoestação, como a famigerada *Notificação* citada antes, só era possível se houvesse um efetivo espaço para que o fiel acionasse o *sensus fidei* e aprofundasse a inteligência de sua fé. Como ninguém sabe até quando estará na cúpula da pirâmide um sumo pontífice com a sabedoria e a experiência pastoral do argentino Bergoglio, creio que posso colaborar com os colegas católicos oferecendo, como

---

[13] Carta do Papa Francisco por ocasião do centenário da Faculdade de Teologia da Pontifícia Universidade Católica Argentina, 03/03/2015 (https://w2.vatican.va/content/francesco/pt/letters/2015/documents/papa-francesco_20150303_lettera-universita-cattolica-argentina.html). Último acesso: 15/11/2015.

[14] Na celebração dos 50 anos do Pacto das Catacumbas, o Vaticano realizou, em 14/11/2015, um seminário em Roma para tratar da atualidade da proposta firmada por 42 padres conciliares, nas Catacumbas de Domitilla, em 1965. Na ocasião, Jon Sobrino fez uma conferência sobre o impacto deste acordo na Igreja de hoje e sobre a urgência de voltar à "Igreja dos pobres". Dois dias depois, foi celebrada uma Eucaristia nas Catacumbas, com a presença do Papa Francisco, quando, afinal, o teólogo da libertação se encontrou com o papa, o qual lhe recomendou: "Continue escrevendo". Como se vê, novos ares. Cf.: http://site.adital.com.br/site/noticia.php?lang=ES&cod=87377&grv=N. Último acesso: 22/11/2015.

perito em catolicismo, alguns esclarecimentos que podem ajudar a quem não esteja habituado com a linguagem cifrada da teologia cristã mais técnica.

O primeiro procedimento poderia ser o de ajudar os interessados a se recordarem da clássica e efetiva distinção entre Magistério solene ou extraordinário (dos concílios ecumênicos e das definições *ex cathedra* do sumo pontífice) e Magistério ordinário (das encíclicas e exortações papais, além dos documentos emitidos pela Cúria Romana). Ao fazê-lo, cristãos e observadores externos entenderão que, em *teologuês*, pareceres como esses emitidos em Notificações pertencem ao Magistério ordinário e são, portanto, sujeitos a tropeços e acertos como qualquer outra corrente ou tendência teológica dentro da Igreja (católica, neste caso). O próprio papa, quando está absolutamente seguro de sua infalibilidade, pronuncia-se *ex cathedra*; em todas as demais circunstâncias, prefere escrever encíclicas ou exortações. Isso é importante, porque coloca o conjunto dos católicos — laicato e clero, teólogos e hierarcas — em seu devido lugar de servidores da Palavra e aprendizes do Espírito.

Todavia, admitir a falibilidade do Magistério ordinário e reconhecer seus efetivos erros e acertos – basta aqui uma breve comparação entre o *Syllabus* de Pio IX e a *Dignitatis humanae* do Vaticano II no quesito liberdade religiosa – não equivale a banalizar suas tomadas de posição. Quando o Magistério católico exerce sua função de ensinar, conta com a obediência responsável do fiel. Isso equivale a dizer que nem à alta hierarquia eclesiástica interessa uma atitude de obediência cega ou submissão passiva. Que testemunho daria a este mundo complexo,

TEOLOGIA EM SAÍDA

contraditório e hipermoderno um rebanho de fideístas sem senso crítico?

A *Notificação* entregue a Jon Sobrino diz, com razão, que toda "reflexão teológica que não tema se desenvolver dentro do fluxo vital da tradição eclesial" é "fecunda". Portanto, ao endossar o destemor, o documento admite que haja riscos e que possam existir teólogos eventualmente temerosos no processo. Imagino a coragem de Agostinho de Hipona ao flertar com o platonismo para afirmar *de vera religione*; ou o brio de Tomás de Aquino ao assumir as categorias do filósofo (Aristóteles). Não é diferente com os cristãos de hoje, desafiados pelo Vaticano II a auscultar a novos mestres da suspeita e a tantos outros "adversários" da Igreja Católica que, como admitiu o Concílio, ajudaram-na na função de oferecer elementos humanizadores procedentes de sua fé, em vista do desenvolvimento da humanidade (*Gaudium et spes* 44a.c). Por isso, Papa Francisco apelou aos teólogos acadêmicos para que "a teologia seja expressão de uma Igreja que é 'hospital de campo', que vive a sua missão de salvação e cura no mundo".[15]

Segundo a acertada afirmação da *Notificatio* a Jon Sobrino, se os primeiros concílios ecumênicos "usaram os termos e os conceitos da cultura de seu tempo, não foi para se adaptar a ela; os concílios não significaram uma helenização do cristianismo, mas antes justamente o contrário" (I.3). Por conseguinte, "com a inculturação

---

[15] Carta do Papa Francisco por ocasião do centenário da Faculdade de Teologia da Pontifícia Universidade Católica Argentina, 03/03/2015.

da mensagem cristã, a própria cultura grega sofreu uma transformação a partir de dentro e pôde se converter em instrumento para a expressão e a defesa da verdade bíblica". Pois bem, se tal procedimento do passado – sem dúvida, arriscadíssimo (a julgar pela série de heresias e concílios ecumênicos daí resultantes), mas nem por isso evitável — merece aprovação, poderíamos inferir que também sejam defensáveis as tentativas de aproximação crítica ao pensamento contemporâneo.

Portanto, o teólogo católico poderá logicamente concluir que a maior prova de respeito e consideração pelas manifestações do Magistério ordinário seja acolhê-las dentro de sua própria demarcação funcional, evitando os extremos sempre deletérios. Elas não são meros palpites, mas também não se pretendem infalíveis. Devem ser lidas, portanto, como tomadas de posição da(s) corrente(s) teológica(s) que se revezam na alta hierarquia católica e, como tal, estas têm o direito e o dever de trazerem a público sua opinião sobre esta ou aquela corrente de pensamento, obra ou autor.

Hermenêuticas em conflito

O presente livro expõe ao leitor uma perspectiva para abordar o inconteste fenômeno das trocas culturais. Os historiadores da religião têm retomado ultimamente os termos "acomodação", "diálogo" e/ou "negociação" – no lugar de "aculturação" (porque implicaria uma modificação total) e "sincretismo" (porque o entendem como mistura deliberada) – para descrever o movimento em mão dupla de missionários e "convertidos". E cada vez mais se convencem, ao considerar os dois lados dos encontros religiosos, de que o resultado obtido, mais que conversão propriamente dita, é uma forma de hibridização.[16]

Todavia, considerando tais casos do lugar da ciência da religião, não me parece inteligente que a teologia cristã interprete tais intercâmbios como defeito pastoral ou os tolere como mal menor apenas para não se perder adeptos para a concorrência. Quando aprendemos de antropólogos e historiadores que a mudança cultural acontece quase sempre por acréscimo e não por substituição, inferimos que os processos sincréticos de ontem (bíblicos) e de hoje podem desenhar-nos um trajeto coerente daquilo que a teologia cristã costuma chamar de experiência de Deus.

---

[16] Peter Burke comenta um relato recente dos jesuítas na China em que estes admitem que os mandarins praticavam a "acomodação" tanto quanto os jesuítas. "Eles não viam a si mesmos (como os jesuítas os viam) como substituindo o confucionismo pelo cristianismo. Pelo contrário, eles encaravam o novo sistema de crença como complementar ao tradicional" (BURKE, op. cit., p. 47). Arrazoado semelhante foi proposto por Rita L. Segato para explicar a atitude dos adeptos do candomblé diante do catolicismo. Segundo a autora, a noção de crença do candomblé tradicional não equivale a uma escolha. Portanto, é possível crer nisto e naquilo também. Candomblé e catolicismo são, aos olhos dos filhos de santo, suplementares, coexistentes, complementares. O catolicismo oferece o limite moral (separação entre o bem e o mal) e a possibilidade de transcendência; o candomblé articula um discurso para o mundo social, as relações interpessoais e a dimensão psíquica, tendo nos orixás um "léxico para a introspecção". O diálogo entre ambas as tradições, no interior de um mesmo indivíduo, é feito em termos de "alternância de códigos". Cf.: SEGATO, R. L. O candomblé e a teologia. In: ANJOS, M. F. dos (org.). *Experiência religiosa*; risco ou aventura? São Paulo: Paulinas, 1998. pp. 75-84.

Mas não estou certo de poder explicar cabalmente essa intuição – que me vem do cotejo dos textos de exegetas bíblicos e teólogos sistemáticos – nem de me fazer entender por todo e qualquer leitor ou leitora. E isto porque, quando vêm a público, este e qualquer outro livro são expostos às regras mais básicas da hermenêutica e dependem da apreciação crítica e da apropriação criativa de seus virtuais leitores e leitoras.

Não será diferente quando um texto provier de um juízo crítico emitido pelo Magistério católico. Mas trará uma vantagem extra: graças à exposição às claras, todos os envolvidos poder-se-ão sentir estimulados e em condições de, por uma parte, revisitar as obras e/ou temas que tal texto comenta e critica, analisando tudo por sua própria conta e risco. Por outra parte, a ocasião será propícia também para que o estudioso se dedique com liberdade intelectual à exegese e interpretação do próprio texto magisterial. Poderá ocorrer, então, que este não chegue às mesmas conclusões dos juízes curiais ou que o próprio autor ou os autores implicados não se sintam incluídos na descrição feita. Tal fato não surpreenderia, pois não é raro que, no afã de serem claros e diretos naquilo que condenam, textos como os das Notificações vaticanas e similares incorram, às vezes involuntariamente, em simplificações ou desconsiderem gradações importantes não contempladas nos excertos escolhidos.

Pois bem, uma vez expostas à luz do dia, tanto Notificações oficiais como resenhas críticas de teólogos – embora tenham peso distinto – estão à disposição de nosso olhar atento. Como em qualquer outra área da ciência ou da filosofia, é importante se apropriar desses

TEOLOGIA EM SAÍDA

pareceres, questioná-los, identificar suas diretrizes subjacentes. Tarefa que, na melhor tradição teológica latino-americana (que, neste ponto, nada mais faz do que ser fiel a suas raízes bíblico-hebraicas), é bem melhor ser executada em grupo, comunitariamente, a fim de que o resultado – assim como a reflexão teológica que nasceu e se mantém neste continente – seja duradouro.[17]

Nesse espírito, ao retomar neste livro um tema caro a que me dedico há mais de trinta anos – o lugar das vivências sincréticas na experiência mística de descoberta do divino como experiência cultural humanizadora –, quero partilhar alguns elementos e perguntas que me ocorreram quando li pela primeira vez a *Notificação* às obras de Jon Sobrino. Cito-a como exemplo, mas poderia lançar mão de qualquer obra teológica ou texto magisterial para os escopos didáticos deste capítulo. O importante é contribuir para que possamos obter maior clareza sobre o que realmente está em jogo neste momento crucial da comunidade cristã mundial, momento em

---

[17] Na época, um exemplo de tomada de posição pública contra a Notificação a Jon Sobrino foi a obra coletiva organizada por José María Vigil: *Bajar de la cruz a los pobres*, cit. (ed. bras.: *Descer da cruz os pobres*. São Paulo: Paulinas, 2007). A favor da Notificação e com severas críticas à ambiguidade epistemológica da Teologia da Libertação, posicionou-se, por exemplo, um dos pioneiros dessa corrente teológica, Frei Clodovis Boff, em: Teologia da libertação e volta ao fundamento. *REB* 67/268 (out. 2007), pp. 1001-1022. Uma réplica firme e respeitosa a Frei Clodovis está em: SUSIN, L. C. A Teologia da Libertação e seu(s) fundamento(s): em debate com Clodovis Boff "sed contra...". *REB* 68/270 (abr. 2008). Merece destaque neste assunto a obra do jovem teólogo Francisco de Aquino: *Teoria teológica – práxis teologal*; sobre o método da Teologia da Libertação. São Paulo: Paulinas, 2012. O autor entabula um diálogo crítico de alto nível com a perspectiva de C. Boff.

83

que o líder espiritual dos católicos os convoca a serem militantes "em saída". Aliás, fazer teologia é tão somente pleitear que a fé seja sempre uma experiência atual, expressa em linguagem coerentemente contemporânea.[18]

A Notificação garante haver "imprecisões e erros" nas obras de Sobrino e demonstra apreensão devido à "ampla divulgação destes escritos". Embora reconheça ser "apreciável" sua "preocupação pela sorte dos pobres" e que, "em alguns pontos, o autor chegou a matizar parcialmente seu pensamento", vê "em [outros] pontos, notáveis discrepâncias com a fé da Igreja", porque "não estão em conformidade com [sua] doutrina" (n. 1).

A julgar pelo elenco de temas apontado, provavelmente não teria restado aos olhos curiais quase nada de ortodoxo em Sobrino. Segundo a Notificação, ele erra "nos pressupostos metodológicos enunciados (...), nos quais fundamenta sua reflexão teológica"; ao tratar "da divindade de Jesus Cristo" e "da encarnação do Filho de Deus"; ao discutir "a relação entre Jesus Cristo e o Reino de Deus"; ao abordar "a autoconsciência de Jesus Cristo" e "o valor salvífico de sua morte".

A lista não deixa dúvidas de que ser teólogo católico é mesmo um contínuo "pisar em ovos". Não é difícil admitir

---

[18] Cf., por exemplo, o esforço de R. Haight por explicitar as premissas tácitas em que se baseiam as principais controvérsias em torno de questões fundamentais na teologia. Ele destaca o juízo que se faz sobre a globalização e suas consequências (por exemplo, a aceleração da interdependência de todos os povos); a nova percepção dos graus de diferenças existentes entre nós e os vínculos que nos unem; a maior clareza quanto à qualidade misteriosa, mediada e dialética do conhecimento religioso; e o caráter soteriológico de toda religião (HAIGHT, op. cit., pp. 130-132).

que um exame acurado acabasse encontrando algo impreciso em alguma passagem da extensa obra deste teólogo jesuíta de coração salvadorenho. Todavia, talvez haja nas objeções levantadas contra os excertos citados algo mais que a mera admoestação a um autor ou livro isolado. O que parece dar sustentação a todo o raciocínio é o que J. L. Segundo já detectara na famigerada *Instrução sobre alguns aspectos da Teologia da Libertação,* "um verdadeiro princípio hermenêutico" que pressupõe uma mente teológica não tocada pelo ardor do Vaticano II. Nesse sentido, talvez Sobrino pudesse repetir o que confessara Segundo outrora: "Quero deixar expresso que me sinto profunda e plenamente atingido por ela [a *Instrução*] (...); entendo que minha teologia (minha interpretação da fé cristã) é falsa se a teologia do documento for verdadeira ou for a *única* verdadeira".[19] Muito provavelmente Jorge Mario Bergoglio poderia ter afirmado o mesmo naquela época.

Sublinhei por minha conta o termo "única" no excerto acima, pois é a verdade excludente a verdadeira vilã nesse episódio. Até onde consigo perceber, os redatores do documento curial optaram pelo antigo caminho de exibir citações de proposições teológicas isoladas para ilustrar como o pensamento que se quer atacar afasta-se ou mesmo nega a fé cristã reconhecida por todos. É claro que tal estratégia facilita o golpe, na medida em que desconsidera nuanças dadas no desenvolvimento da obra, ou de várias obras, de um dado autor.

---

[19] SEGUNDO, J. L. *Teologia da Libertação*; uma advertência à Igreja. São Paulo: Paulinas. 1987. p. 23. É neste perspicaz opúsculo que o autor propõe sua exegese da famosa *Instructio* contra "algumas" Teologias da Libertação.

Aliás, qual teólogo, seja qual for sua perspectiva, escaparia ileso de um ataque maciço a uma lista de citações extraídas de seus livros? Vejamos, por exemplo, a seguinte asserção do renomado teólogo Joseph Ratzinger, hoje papa emérito: "A doutrina da divindade de Jesus permaneceria intacta se Jesus procedesse de um casal cristão normal".[20] Deixando de lado o anacronismo de chamar os pais de Jesus de "cristãos", concentremo-nos nisto: seria essa afirmação uma insinuação ou uma porta aberta para a admissão de um intercurso sexual entre os pais humanos do suposto Salvador universal? Jesus teria, então, sido concebido dessa forma? A virgindade perpétua de Maria ficaria comprometida nessa afirmação do papa emérito Bento XVI? Será o caso de retirar de circulação a referida obra de Ratzinger até obtermos maior clareza a respeito? Ou, em vez disso, bastaria considerarmos melhor o contexto de onde se extraiu a citada frase? No caso de Sobrino, um excerto isolado é mostrado como prova cabal de que "o autor estabelece uma distinção entre o Filho e Jesus que sugere ao leitor a presença de dois sujeitos em Cristo". "Não fica claro", conclui o texto, "que o Filho é Jesus e que Jesus é o Filho" (III.5).

A desvantagem do procedimento seguido pelos redatores vaticanos da *Notificação* a Sobrino é considerável. Como já nos fizera notar J. L. Segundo (a propósito da famosa *Instructio* sobre a Teologia da Libertação): "a citação perde em *extensão* o que ganha (para a condenação) em *precisão*".[21] Não será difícil para o notificado

---

[20] Cf. RATZINGER, J. *Der christliche Glaube*, 1968. p. 225, apud VON BALTHASAR, H. U. *Puntos centrales de la fe*. Madrid: BAC, 1985. p. 123.

[21] SEGUNDO, op. cit., p. 24.

argumentar que as expressões citadas não representam todas as sutilezas contempladas no conjunto de seu edifício teórico. Aos acusadores só restará contra-argumentar – como, de fato, o fazem no documento em questão – que, apesar dos matizes, tal ou qual posição ainda é ambígua ou errônea.

O que, sem dúvida, desequilibra o jogo nessa contenda – que, em si, tudo teria para ser legítima – é que, nas entrelinhas, o fiel católico acaba admitindo como natural (no catolicismo) a oposição entre alguns "teólogos" e os membros do "Magistério", vendo nos primeiros os partidários de certa teologia e nos segundos os representantes da fé. Ora, tal linguajar é perigosamente impreciso e comporta um maniqueísmo mitigado. Os teólogos são, por princípio, místicos que se arriscam ao tateante serviço de tradução de suas experiências espirituais em categorias conceituais contemporâneas a suas comunidades de fé; e o Magistério só pode cumprir sua missão de explicar a fé e definir seus limites se for capaz de entendê-la – compreensão esta cujo sinônimo é, justamente, *teologia*.[22]

Essa oposição artificial entre teologia (católica) e Magistério (hierárquico) como grandezas autossuficientes só pode ser deletéria ao sadio discernimento espiritual para o qual todos os cristãos se sentem convidados ao longo de sua trajetória como adeptos de dada tradição religiosa. O risco que alguns intelectuais católicos notam aqui é, ironicamente, o de verem reduzidas a

---

[22] Ibidem, p. 25.

vivacidade e a criatividade de sua Igreja/comunidade de fé a somente um único viés teológico – mais nocivo porque, justamente, não se assume como "um" "viés", ainda que autoritativo.

Era o que temia Karl Rahner, em carta escrita poucos dias antes de sua morte e endereçada ao cardeal da arquidiocese de Lima (Peru) em defesa de Gustavo Gutiérrez:

> Uma condenação (...) teria (...) consequências muito negativas para o clima que é a condição em que pode perdurar uma teologia que está a serviço da evangelização. Existem hoje diversas escolas e isso sempre foi assim (...). Seria deplorável se restringíssemos demasiadamente, através de medidas administrativas, este pluralismo legítimo.[23]

Mysterium Ecclesiae e o difícil caminho do ortodoxo ao veraz

O Reino pertence unicamente aos pobres
(Joachim Jeremias).[24]

Pelo que se viu no item anterior, a citada *Notificação* chega perto de desautorizar o pluralismo defendido por

---

[23]   Ibidem, p. 26. Cf. também VORGRIMLER, H. *Karl Rahner*; experiência de Deus em sua vida e em seu pensamento. São Paulo: Paulinas, 2006. pp. 159 e 195.

[24]   Apud SOBRINO, J. *Fora dos pobres não há salvação*; pequenos ensaios utópico-proféticos. São Paulo: Paulinas, 2008. p. 134.

Rahner. As fortes reservas levantadas contra os pressupostos metodológicos de Jon Sobrino (I.2.) atingem, como é óbvio, uma das intuições mais originais da teologia latino-americana e que Hugo Assmann chamara de "privilégio epistemológico do pobre",[25] com sua consequente "centralidade no cristianismo".[26] Foi deprimente vê-la reduzida, como fez o texto curial, a uma mera "preocupação pelos pobres e pelos oprimidos" que apenas "merece" dos redatores "o apreço".

A concepção binária que permeia o documento supõe que se "o lugar eclesial da cristologia" for a "Igreja dos pobres", não poderá ser "a fé apostólica transmitida pela Igreja a todas as gerações". E insinuando que encontrou algo diferente nas obras de Sobrino, o documento reitera que "o teólogo, por sua vocação particular na Igreja, há de ter presente constantemente que a teologia é ciência da fé".

Ademais, creditam-se os supostos problemas da teologia de Sobrino à falta de atenção às fontes: "as afirmações do Novo Testamento sobre a divindade de Cristo, sua consciência filial e o valor salvífico de sua morte (...) não recebem sempre a devida atenção" (n. 3) e "diversas afirmações do autor tendem a diminuir o alcance das passagens do Novo Testamento que afirmam que

---

[25] Como afirma C. Boff, ao reconhecer a paternidade de Assmann para a citada expressão, "se é certo que o pobre e o compromisso com ele não é o único caminho de conhecimento de Deus, pode-se e deve-se falar, sim, no 'primado', ou melhor, no 'privilégio epistemológico do pobre'" (BOFF, Cl. *Teoria do método teológico*. Petrópolis: Vozes, 1998. pp. 174-175).

[26] SOBRINO, op. cit., p. 134.

Jesus é Deus" (II.4). Ora, se isso espantou o censor curial, é de se imaginar como reagiria se tivesse lido, por exemplo, a cristologia de J. L. Segundo. A *Notificação* considera problemático que o jesuíta afirme serem os textos dos grandes concílios da Igreja antiga "úteis teologicamente, além de normativos, mas também limitados e ainda perigosos, como hoje se reconhece sem dificuldade" (*La fe*, pp. 405-406). Para os redatores da *Notificação*, "não tem nenhum fundamento falar da periculosidade de tais fórmulas, já que são interpretações autênticas do dado revelado".

Certamente seria instrutivo a esse debate recordar aqui a Declaração *Mysterium ecclesiae*, da mesma Congregação para a Doutrina da Fé (1973), que defende a reformabilidade, ou melhor, a necessidade de se reformar as fórmulas dogmáticas consideradas infalíveis.

Sem esquecer que continuamos às voltas com o Magistério ordinário, a citada Declaração de 1973 apresenta cinco razões da necessidade de um trabalho teológico que dê nova forma a expressões dogmáticas do passado. Primeiramente, explica-se que a força expressiva da língua utilizada não é a mesma quando mudamos de época ou contexto. A segunda razão funda-se na constatação de que nenhuma fórmula seja, indefinidamente, plena e perfeita na expressão da verdade: novas experiências de fé ou novos conhecimentos humanos exigem que se resolvam questões ou se descartem erros não previstos pela fórmula já consagrada. Em terceiro lugar, observa-se que toda fórmula dogmática ganha expressão graças a tipos de pensamento que acabam ultrapassados e podem impedir a compreensão do que outrora se conseguia dizer através deles. O quarto motivo alegado para que as fórmulas tenham de ser reformadas é a necessidade de que a verdade que veiculam seja e permaneça viva, enraizada na vida e em seus problemas. Por último, o documento curial reconhece que, por mais que uma verdade tenha sido bem compreendida por meio de uma fórmula bem-sucedida, nosso crescimento e maturidade requerem, graças ao tempo, às oportunidades e às crises enfrentadas, mais clareza e plenitude.[27]

Se tiverem razão os redatores da *Mysterium ecclesiae*, então assinada pelo Cardeal Seper, não se vê por que razão Padre Jon Sobrino estaria menosprezando "os pronunciamentos dos primeiros concílios" ou sua qualidade eclesial quando os contextualiza. Aliás, uma ponderação importante a ser feita com relação aos juízos de valor emitidos pelo texto curial aqui referido é que, se abstraíssemos o contexto polêmico que define de antemão o lado que sabe e o lado que erra, estaríamos diante da mais natural e bem-vinda contenda teológica, como tantas que a precederam na história. Uma Igreja respeitosa do inevitável pluralismo teológico que decorre do Mistério do qual o cristão dá testemunho deveria estimular mais debates, com réplicas e tréplicas em torno de temas tão vitais à inteligência da fé.

Em segundo lugar, convém esclarecer que ambas as posições em jogo – a *Notificação* e as obras de Sobrino – são ortodoxas. Mas ortodoxo não é mero sinônimo de

---

[27] SEGUNDO, op. cit., cap. 11. Segundo transcreve o trecho da declaração na íntegra, assim como veio a público no *L'Osservatore Romano*, em 24/06/1973, com a assinatura do Cardeal Prefeito F. Seper.

verdadeiro. Da verdade *em si* das proposições teológicas, o que se pode saber cabalmente, uma vez que "o discurso teológico só pode apreender e mostrar um aspecto muito limitado do Mistério"?[28] Os teólogos curiais que redigiram a *Notificação* consideram insuficiente a compreensão de Sobrino acerca da *communicatio idiomatum*, a saber, que "o humano limitado se prega de Deus, mas o divino ilimitado não se prega de Jesus" (*La fe*, 408; cf. 500). E concluem que, "na linguagem cristã (...) se diz, por exemplo, que Jesus é Deus, que é criador e onipotente. Não é, portanto, correto dizer que não se prega de Jesus o divino ilimitado" (n. 6).

Mas será verdadeiro afirmar que "Jesus é (...) criador e onipotente", como garante o texto curial? Ou tal formulação é inadequada por flertar com variações do antigo sabelianismo? Seja como for, ambas as escolas confrontadas no documento, com os inevitáveis erros e insuficiências que seus esquemas conceituais comportam, são ortodoxas enquanto filiadas a uma mesma tradição espiritual.[29] Nesse sentido, não é difícil à teologia cristã mais arejada reconhecer que é a própria condição

---

[28] BOFF, op. cit., p. 494.

[29] Cf. o ensaio de Ghislain Lafont, que propõe que "a verdade teológica [não cabal] se encontra não quando se tenta reconciliar Platão e Aristóteles, mas sim quando se tenta aliar, com tato, Boaventura e Tomás", cuja "polaridade simbólica (...) talvez seja a chave do discernimento teológico" (LAFONT, op. cit., pp. 303-304). Por isso Lafont confidenciava-nos, em suas brilhantes aulas na Universidade Gregoriana, que via na Teologia da Libertação uma ocasião ímpar de se retomar na atualidade o projeto de síntese interrompido no século XIII após as mortes de Tomás e Boaventura.

de seres humanos correspondentes à autocomunicação divina que empurra o adepto de uma determinada tradição religiosa na direção do pluralismo (e, eventualmente, até para o sincretismo), dada a "impossibilidade mesma da criatura" (T. Queiruga). O que há de legítimo no pluralismo, como disse Rahner na citada carta, é que o melhor jeito de corrigir os erros é discuti-los.

Temas tão árduos e complexos como a relação entre Jesus Cristo e o Reino de Deus ou a controvertida autoconsciência de Jesus não foram inventados por Jon Sobrino nem suportam arremates tão lacônicos como parece pretender a *Notificação*. A verdade que poderá brotar do debate desses capítulos cristológicos é obra de uma teia muito maior de contribuições e não se pode pretender fechar a questão de forma tão sumária.

Diga-se ainda, a favor de Sobrino e dos redatores da *Notificação*, que

> o que mantém a comunidade cristã unida não é uma teologia comum, mas uma fé comum. Essas duas posições teológicas fundamentam-se em uma fé cristã comum que elas tentam tornar inteligível nas circunstâncias do mundo de hoje.[30]

Nesse mesmo espírito, pelejaram entre si nos idos tempos patrísticos as escolas de Alexandria e Antioquia.

---

[30] HAIGHT, op. cit., pp. 106-107. Na verdade, Haight está-se referindo à validade e à viabilidade das cristologias de Rahner (Jesus como salvador absoluto) e Schillebeeckx (Deus age em outras religiões independentemente e sem competir com o que fez em Jesus). Embora suas posições sejam drasticamente diferentes, ambas são ortodoxas e capazes de coexistir em uma só Igreja.

O que fica, porém, de positivo em episódios como este é que, ao explicitar suas desavenças com algumas produções teológicas contemporâneas, o Magistério ordinário se expõe nos argumentos e se entrega, também ele, à crítica teológica. Os teólogos e teólogas latino-americanos, por nascença ou adoção, não podem, à luz da fé eclesial, se furtar a esse diálogo, pois a convicção que amadureceram nas décadas posteriores ao Concílio Vaticano II é de que a Igreja reunida na América Latina espera que eles façam sua parte. E a julgar pela insistência de Papa Francisco para que seus filhos se tornem "Igreja em saída", esse é agora um compromisso planetário.

Como disse o Papa Francisco, confirmando a nova fase que pretende estabelecer no comando da Igreja católica, "o estudante de teologia" que precisa ser formado não é "um teólogo 'de museu' que acumula dados e informações sobre a Revelação sem contudo saber verdadeiramente o que fazer deles. Nem um 'balconero' da história". Ele deve ser "uma pessoa capaz de construir humanidade ao seu redor, de transmitir a divina verdade cristã em dimensão deveras humana, e não um intelectual sem talento, um eticista sem bondade nem um burocrata do sagrado".[31]

Assim sendo, teólogos e teólogas não têm outra escolha senão continuar a refletir sobre sua fé, por mais incômodas que lhes pareçam o fruto dessas meditações. Há constatações que precisam ser trazidas a público. Há perguntas que precisam ser publicadas, criticadas

---

[31] Carta do Papa Francisco por ocasião do centenário da Faculdade de Teologia da Pontifícia Universidade Católica Argentina, 03/03/2015.

e depois reformuladas. Há respostas que precisam ser sugeridas, ainda que, depois, descartadas com o próprio ritmo da caminhada. Impedir uma comunidade de compartilhar os resultados provisórios de sua busca e de suas descobertas é asfixiá-la no infantilismo ou condená-la a perecer por inanição. Há 700 anos, na defesa que fez a favor de Tomás de Aquino e contra a condenação que queria impingir ao doutor angélico Estevão Tempier, o bispo de Paris, Egídio de Roma assim se expressava:

> Pessoas há que se comprazem em denunciar como errôneas as opiniões de seus colegas teólogos que elaboram nossa fé e esclarecem a Igreja. Precipitação esta que não deixa de ter perigo para a fé. O trabalho dos teólogos, graças ao qual avançamos nos caminhos da verdade, requer um crítico bem-intencionado e livre e não um detrator venenoso (...)

> Se [os censores] querem sustentar opinião contrária, podem fazê-lo, porém não julguem errônea a outra. Isso é, a um tempo, precipitação de juízo e debilidade de espírito, porquanto, em seu orgulho, mostram não saber discernir os argumentos decisivos das razões débeis.[32]

Contra semelhantes atitudes, já profetizara, há mais de três décadas, Karl Rahner:

> Pode-se rejeitar a teologia da libertação como "secularismo moderno"? Não se deve admitir antes que

---

[32] Apud BOFF, op. cit., p. 520. O texto de Egídio data de 7/3/1277.

> o *Sitz im Leben* (...) dessa teologia (...) é legítimo, pelo
> fato de ela se inserir naquele lugar de onde parte o
> caminho que conduz à meta, que consiste na entre-
> ga da vida a favor dos irmãos? (...) Nós, a partir de
> nosso contexto de bem-estar, próprio de burgueses
> egoístas, poderemos nos atrever a difamar esses teó-
> logos, sabendo que nosso julgamento pode significar
> para eles, ali onde se encontram, uma sentença de
> morte?[33]

Este livro foi reescrito com a intenção de investigar até que ponto a mensagem e as ações simbólicas do
papa argentino representam, de fato, o renascimento da
hermenêutica da Teologia da Libertação, aliada ao espírito de diálogo que vicejou, há meio século, no Concílio
Vaticano II. Essas forças seguirão alimentando a reflexão teológica cristã em busca de uma compreensão mais
plural e inclusiva dos povos da terra e de suas tradições
culturais e religiosas? Resta esperar.

---

[33] NEUFELD, K.-H. *Die Brüder Rahner,* pp. 338-339, apud VORGRIMLER,
H. Karl Rahner, op. cit., p. 159.

Capítulo 2

Do catolicismo às tradições africanas

Em seu discurso em Santa Cruz de la Sierra, feito aos participantes do II Encontro Mundial dos Movimentos Populares, durante a Viagem Apostólica ao Equador, Bolívia e Paraguai, Papa Francisco reiterou o pedido de perdão de seus antecessores no pontificado, reconhecendo, "com pesar", que:

> Cometeram-se muitos e graves pecados contra os povos nativos da América, em nome de Deus (...). Como São João Paulo II, peço que a Igreja (...) *se ajoelhe diante de Deus e implore o perdão para os pecados passados e presentes dos seus filhos*". E eu quero dizer-vos, quero ser muito claro (...): *Peço humildemente perdão*, não só pelas ofensas da própria Igreja, mas também pelos crimes contra os povos nativos durante a chamada conquista da América.

E depois de admitir que também houve milhares de cristãos que fizeram oposição à lógica da espada, reafirma que "houve pecado, e pecado abundante, mas não pedimos perdão no passado".

Dirigindo-se diretamente "aos irmãos e irmãs do movimento indígena latino-americano", Francisco afirma:

> deixem-me expressar a minha mais profunda estima e felicitá-los por procurarem a conjugação dos seus povos e culturas segundo uma forma de convivência, a que eu gosto de chamar poliédrica, onde as partes conservam a sua identidade construindo, juntas, uma pluralidade que não atenta contra a unidade, mas fortalece-a.

E conclui: "A sua procura desta interculturalidade, que conjuga a reafirmação dos direitos dos povos nativos com o respeito à integridade territorial dos Estados, enriquece-nos e fortalece-nos a todos".[1]

Essa postura do atual sumo pontífice católico motivou-me a reescrever e reapresentar ao público um estudo anterior[2] sobre o processo em andamento de reaproximação dialogada entre o catolicismo e as tradições

---

[1] Discurso do Santo Padre na Expo Feira de Santa Cruz de la Sierra, no II Encontro Mundial dos Movimentos Populares (Bolívia, 9/07/2015), durante sua viagem apostólica ao Equador, Bolívia e Paraguai (05-13/07/2015). Cf.: <http://w2.vatican.va/content/francesco/pt/speeches/2015/july/documents/papa-francesco_20150709_bolivia-movimenti-popolari.html>. Último acesso: 22/11/2015.

[2] Como já informado anteriormente, trata-se de meu texto publicado em: SOARES, A. M. L. Du catholicisme aux traditions africaines. In: MARTINEZ, L.; CARRASCO-PAREDES, N.; MATTHEY, J (éd.). *Chemins de la théologie chrétienne en Amérique Latine*. Paris: AFOM/Karthala, 2014. pp. 223-240.

oriundas da África. Retomando as palavras de Francisco, é possível falar aqui da busca de uma "convivência poliédrica" entre os membros dessas comunidades de fé.

Na escola do diálogo

O monge e teólogo beneditino Dom Marcelo Barros, ex-assessor do saudoso Dom Helder Camara na arquidiocese de Recife, contou que, "para Dom Helder, a coisa mais pecaminosa era a miséria e a mais ecumênica, a luta para que todos possam viver. Dizia que a pobreza era ecumênica; não distingue católico e protestante, cristão e não cristão". Dom Helder, que faleceu em agosto de 1999, via os líderes do candomblé entre os mais marginalizados pela sociedade e pelas igrejas cristãs. Dele, Marcelo Barros recorda que, certa vez, ao visitar um bairro popular, ganhou de presente de um umbandista uma imagem de Preto Velho. Mais tarde, chegou com ela a uma reunião da comunidade e percebeu o olhar constrangido de alguns. "É que eu estava visitando um irmão, do qual séculos me distanciaram", explicou o bom bispo. Quando lhe perguntaram se o contato de um arcebispo com líderes de outras religiões negras não favoreceria o sincretismo e a confusão, Dom Helder replicou: "O que eu faço é reconhecer o direito deles de exercerem sua religião. Conhecendo-os, vejo que são pessoas de tanta fé e tão dedicadas aos outros que só posso pensar que essa integração faz bem".[3]

---

[3]   LIMA, P. P. Brasil: encruzilhada de religiões. *Além-Mar*, n. 532. 03/12/2004. Disponível em: <http://www.alem-mar.org/cgi-bin/quickregister/scripts/redirect.cgi?redirect=EEFZVEuVVliZsmpbfF>. Último acesso: 22/11/2015.

Com esse mesmo espírito, aportava no Brasil, em 1974, nos duros tempos da ditadura militar, outro profeta do diálogo entre as religiões. E partia sem retorno uma década mais tarde, em 18 de dezembro de 1985, ao falecer em Salvador da Bahia: Padre François de L'Espinay, sacerdote católico francês e ministro de Xangô no *Ilê Axé Opô Aganju*.[4]

Desde a primeira vez que ouvi falar de sua experiência ecumênica e mística, esta me pareceu fascinante. Tendo adotado Salvador e o Brasil como sua segunda pátria, poucos anos depois esse presbítero católico já era escolhido como *mogbá* (membro do conselho de Xangô) no *Ilê Axé Opô Aganju*. Algo raro, se não inédito: alguém da hierarquia da Igreja Católica aprofundava-se no conhecimento da tradição dos orixás não como pesquisador acadêmico e sim num caminho de iniciação e partilha da fé.

Se tal passo até hoje, mesmo no pontificado de Francisco, é difícil de ser deglutido nas fileiras oficiais do catolicismo, para o próprio L'Espinay a decisão foi penosa, como ele mesmo confessou a um grupo de teólogos da libertação, pouco antes de sua morte:

> O dia em que o pai de santo me pediu para ser do conselho, eu sabia que devia passar por uma iniciação. Foi um problema e tanto. Não sabia o que era. Será que era contra o cristianismo? Eu não renego

---

[4] De Padre François, veja: L'Espinay, F. de. A religião dos orixás, outra palavra do Deus único? *REB*, 47/187 (1987), pp. 639-650; Idem. Igreja e religião africana do candomblé no Brasil. *REB*, 48/188 (1987), pp. 860-890.

nem o cristianismo nem o sacerdócio. Aí percebi que não havia nada contra o cristianismo. [...] Em nosso candomblé eu prometi fidelidade a Xangô. Isso não afasta ninguém da fidelidade a Cristo.[5]

"Se essa prática se tornar comum", poderão perguntar muitos teólogos cristãos, "como justificar, ainda, a mediação da Igreja ou sua função salvífica (LG, n. 14)?" Antecipando-se a estes, Padre François já ponderava naquela mesma ocasião:

> Por que Deus exigiria um contato por meio de um tradutor e não diretamente com a sua Palavra? Ele se revela como Pai. Mas um pai não fala a língua de seus filhos? [...] Deus me parece, então, bem maior, e mais vivo. Ele não se encerra numa fórmula rígida, não é prisioneiro de suas opções. Não faz discriminação entre seus filhos. Ninguém pode dizer: "É a mim que se revelou e somente a mim".[6]

A Igreja sairá diminuída deste passo à frente? Se eu pudesse responder no lugar de um teólogo cristão, diria que é preciso checar se não é esse o preço para que o Reino de Deus seja servido. Afinal, o cristianismo acredita ter recebido de Jesus Nazareno o mandato de ser o fermento e não a torta final. E o que se deseja é que

---

[5] Citado por: FRISOTTI, H. Teologia e religiões afro-brasileiras. *Cadernos do CEAS Especial – 300 anos de Zumbi*, 1995. Disponível em: <http://ospiti.peacelink.it/zumbi/news/ceas/e300p21.html>. Cf. também: SIQUEIRA, M. L. (org.). *Revivendo ideias de François de L'Espinay*. Salvador: Impressão Envelope e Cia., 1995.

[6] L'ESPINAY, F. de. A religião dos orixás, outra palavra do Deus único? *REB*, 47/187 (1987), p. 649.

todos saboreiem a torta da *quizomba* final; mastigar fermento é, para dizer o mínimo, indigesto. Com isso teria concordado Padre François, já que, na sua opinião:

> Bastaria sair de nossos limites fundados no exclusivismo, na certeza de possuir a única verdade, e admitir que Deus não se contradiz, que ele fala sob formas mui diferentes que se complementam uma à outra, e que cada religião possui um depósito sagrado: a Palavra que Deus lhe disse. Eis toda a riqueza do ecumenismo que não deve restringir-se ao diálogo entre cristãos.[7]

Anos mais tarde, o pioneirismo de L'Espinay foi enriquecido com uma multidão de experiências comunitárias macroecumênicas pelo Brasil afora, apoiadas pela reflexão de várias teólogas e teólogos que encarnaram a teologia negra latino-americana.[8] Como reconhece F. Teixeira, Padre François ocupa aí um lugar de destaque: de um lado, "inaugurando uma experiência singular de solidariedade integral com os fiéis do candomblé"; de outro, "instaurando uma radical crítica ao exclusivismo

---

[7] Ibidem.

[8] Citemos, entre tantos, os católicos Antonio Ap. da Silva (Padre Toninho), Clóvis Cabral, Edir Soares, Heitor Frisotti, Irene de Oliveira, Marcos R. da Silva, Maricel Lopez, Vilson C. de Souza Jr. e Sílvia R. de Lima e Silva. Mas atualmente já se vive no Brasil uma realidade bem mais diferenciada, com a emergência de teólogos e teólogas afros oriundos das tradições afros (umbanda, candomblé) e sem nenhuma pretensão de serem incluídos como adeptos na comunidade cristã. Cf. a respeito meu texto: SOARES, A. M. L. A "nova" teologia afro-brasileira, a ciência da religião e o ensino religioso. In: OLIVEIRA, I. D. de; RIVAS, M. Elise G. B. M.; JORGE, É. (org.). *Teologia afro-brasileira*. São Paulo: Arché, 2014. pp. 41-54.

católico, apontando a riqueza multifacetada da experiência do Deus que fala sob formas muito diversas e se faz presente em mediações diferentes das que conhecemos".[9]

Colocar-se na escola de L'Espinay, como fizeram instituições como o Centro Atabaque de Cultura Negra,[10] é deixar que os desdobramentos envolvidos em sua prática e exemplo desafiem a fé, a espiritualidade e o jeito de se fazer teologia entre os católicos. As conclusões a que, pouco a pouco, vai-se chegando nem sempre serão confortáveis para a Igreja-instituição e talvez nem agradem à maioria dos católicos, aí incluído o catolicismo do próprio povo negro.[11]

No entanto, se tiver um mínimo de cuidado com o que ensinam os estudiosos das religiões, não será difícil à teologia católica admitir que toda religião é, em certo sentido, sincrética, pois nenhuma delas, como fato cultural, existe independentemente das várias tradições

---

[9] Cf. TEIXEIRA, F. A interpelação do diálogo inter-religioso para a teologia. Disponível em: <http://empaz.org/dudu/ du_art01.htm#a>. Acesso em 30.11.2005.

[10] Recentemente refundado como Oscip e rebatizado como Centro Atabaque de Cultura (2007), essa organização surgiu no início da década de 1990. Ecumênica e inter-religiosa, reúne especialistas em teologia e outras áreas de saber. Seu propósito é subsidiar a reflexão e a prática dos APNs, intensificando também o intercâmbio com grupos e entidades internacionais envolvidos com a causa da igualdade étnico-racial.

[11] De modo particular, vêm-me à lembrança algumas reações de colegas do âmbito teológico cristão a alguns de meus escritos. Cf., por exemplo: CATÃO, F. Teologia e sincretismos. In: Teologia e universidade. *Revista Religião & Cultura*, 2 (2002), pp. 205-214. Nesse artigo, Catão comenta meu texto: "Impasses da teologia católica diante do sincretismo religioso afro-brasileiro", que foi publicado na *Revista Religião & Cultura*, 1 (2002), pp. 89-128.

de que é tributária. O problema é justamente quando se preconiza o sincretismo do processo sem distingui-lo do sincretismo como fim da evangelização.

Consonância com a tradição

É sempre desafiador para o teólogo desenvolver uma reflexão que não desista da consonância com a tradição teológica cristã – mais fácil é deter-se nas fronteiras da ciência da religião. Aliás, se a prática de François L'Espinay tem suscitado até hoje tanta comoção, é justamente porque esse padre católico nunca entendeu que precisasse apostatar de sua fé originária para abraçar a espiritualidade oriunda dos orixás.

Conste, porém, que não parece correto, nestes tempos hipermodernos, que a palavra teológica seja pronunciada à revelia de outros saberes – no caso específico, da ciência da religião. Daí decorrem os questionamentos com os quais encerro um de meus trabalhos sobre o tema do sincretismo e da dupla vivência religiosa:

> Qual seria a verdadeira função da Igreja nessas situações de (aparente) mixagem religiosa? Que serviços esperar dos cristãos em tais contextos? Fazer o bem ao povo equivale a convertê-lo (em sua totalidade) a um cristianismo mais ortodoxo? Em suma, salvação-libertação do povo de Deus é sinônimo de madura adesão das pessoas à comunidade chamada Igreja?[12]

[12] SOARES, A. M. L. Impasses da teologia católica..., art. cit., p. 124. Essa é, aliás, uma das principais questões enfrentadas em: SEGUNDO, J. L. *Essa comunidade chamada Igreja* (São Paulo: Loyola, 1978). Detive-me no assunto em: Candomblé, sincretismos e cris-

Para responder ao que suscita a prática de Padre François, e de tantas pessoas que militam hoje em vários movimentos (macro)ecumênicos, a teologia cristã parece estar voltando a atenção às próprias vísceras e aos fundamentos da fé cristã, a saber: a possibilidade e as modalidades do acesso humano à presumida novidade evangélica. No interior da Igreja Católica, a recente tentativa de retomar o espírito do Concílio Vaticano II, agora sob os auspícios de Papa Francisco, nos permite supor que uma discussão epistemológica não apressada, e que tenha em vista uma teologia da revelação mais arejada, incluirá em seus circuitos outros trajetos possíveis do que a fé cristã aceita como "autocomunicação divina na história".

Seja como for, mesmo colegas não identificados com a teologia negra e a teologia pluralista da libertação admitem que os "teólogos cristãos", muitas vezes "teimam em manter-se reféns de metodologias ultrapassadas, incapazes de abrir-se à perspectiva hermenêutica, cuja viabilidade é ditada pela própria realidade interpretada".[13]

Entre parênteses: um de meus colegas, professor Francisco Catão, adverte-me sobre os riscos inerentes ao meu uso da expressão "teologia católica" para falar de algumas dificuldades do pensamento cristão em lidar com o pluralismo e o sincretismo religiosos. Ele teme que possa gerar confusão atribuir à teologia os

---

tianismo: um diálogo com Juan Luis Segundo. In: SOARES, A. M. L. (org.). *Juan Luis Segundo*; uma teologia com sabor de vida. São Paulo: Paulinas, 1998. pp. 121-144.

[13] CATÃO, F. Teologia e sincretismos, art. cit., p. 206.

qualificativos de cristã ou de católica, em continuidade com os diferentes significados do termo "igreja". Não lhe parece esclarecedor "designar teologia cristã ou católica, nem o ensinamento oficial dos responsáveis pela comunidade cristã, tampouco, uma reflexão abstrata sobre a salvação universal". "Cristã e católica", explica o teólogo, "é a teologia elaborada em continuidade histórica com a comunidade dos discípulos de Jesus, mas que integra todos os elementos positivos da evolução do pensamento humano e todas as suas diversidades culturais". E arremata: "O adjetivo 'católica' *deveria* [grifo meu] acentuar o caráter universal do pensamento cristão, sendo uma das notas mais características de sua autenticidade".[14] Estou pronto a concordar nesse pormenor. A generalização em que, às vezes, incorro não pretende negar que sejam, de fato, "alguns" teólogos a sentir mais dificuldade em lidar com a realidade do sincretismo nas vísceras do cristianismo. O problema é que, se muito não me equivoco, *todos* os teólogos oficiais — e muitos oficiosos — do chamado "paradigma romano" (na precisa expressão de Z. Alszeghy) fazem parte desse *alguns*. Em escritos anteriores, aliás, procurei demonstrar exaustivamente a dificuldade experimentada diante da realidade do sincretismo até por agentes de pastoral sensibilizados pela causa negra.

Parêntese fechado, passemos a outro problema: experiências como as de Padre François seriam, ainda, propriamente cristãs, ou já se localizam em outra tradição

---

[14]   Ibidem, p. 212.

espiritual, nem cristã, nem de candomblé? Seria um caso de "sincretismo de volta" (como sugere P. Sanchis), de inculturação (como preferem muitos) ou de *inreligionação*? É uma estratégia (arriscada, convenhamos) de reeditar a *plantatio ecclesiae* ou um gesto vivido na gratuidade de quem nada espera em troca?

Em geral, é preocupante o uso que, muitas vezes, tem sido feito do termo "enculturação". Padre François chegou a usá-lo quando o termo ainda não era unanimidade na teologia oficial dos documentos do Magistério romano.[15] Isso não implica questionar as retas intenções de tantos cristãos seriamente empenhados na defesa da espiritualidade popular, muito menos significa impor um termo (sincretismo) no lugar de outros (hibridismo, inculturação, mixagem) por mero capricho. Apenas é preciso que teólogos, pastoralistas e pesquisadores ponham atenção no fato de que a opção por qualquer uma dessas terminologias nunca é neutra. Estou convencido de que a vantagem de uma palavra polêmica como "sincretismo" sobre sua prima bem-comportada "inculturação" é que a primeira evidencia logo de cara

---

[15] Sobre essa minha crítica em especial, notei, em diálogo com o colega Diego Irarrázaval, que meu posicionamento pode ter suscitado algum mal-entendido em certos ambientes. Cf. também o artigo que Diego apresentou na III Consulta Ecumênica de Teologia Afro-Americana e Caribenha: avanços, desafios e perspectivas (São Paulo, 20-24/10/2003): Pro-vocación afro-americana al corazón de otras teologias (mais tarde, publicado em: IRARRÁZAVAL, D. *Raíces de la esperanza*. Lima: Idea-Cep, 2004. pp. 209-238), onde analisa meu livro *Interfaces da revelação*. O autor voltou ao tema recentemente em: Hermenêuticas latino-americanas. In: *De baixo e de dentro*; crenças latino-americanas. São Bernardo do Campo: Nhanduti, 2007. pp. 103-113.

onde está o problema teológico-dogmático: o postulado religioso de uma revelação de Deus comporta claríssimas ambiguidades, erros e contradições que devem ser explicados como componentes essenciais e não como refugos circunstanciais do que se aceite como processo da autocomunicação divina à humanidade. E isso, como já dissera em 1958, o Cardeal Lercaro, por respeito à própria (maneira humana de aceder à) Verdade.[16]

Serenas conquistas teológicas?

Como já foi dito antes, não é tão raro que mesmo teólogos cristãos (e católicos) admitam a inevitabilidade de hibridismos religiosos. Um autor erudito e moderado como F. Catão não só afirma a realidade sincrética de toda religião, como também se pergunta: "Como pode a teologia cristã harmonizar a pretensão de ser um discurso válido sobre Deus e a salvação universal em Jesus Cristo, com a pluralidade sincrética de todas as expressões religiosas, inclusive das próprias comunidades cristãs históricas?".[17] De fato, aí está a excelência e, simultaneamente, o tendão de Aquiles de toda a história do dogma cristão. Como conciliar a absolutez do Deus que se revela com a inevitável relatividade do meio utilizado e de seus resultados?[18]

---

[16] Cf. SEGUNDO, J. L. *O dogma que liberta*. São Paulo: Paulinas, 2000. pp. 141-144.

[17] CATÃO, F., art. cit., p. 206.

[18] Cf. SOARES, A. M. L. *Interfaces da revelação*; pressupostos para uma teologia do sincretismo religioso. São Paulo: Paulinas, 2003. p. 17.

Todavia, Catão prossegue, garantindo ser hoje uma das conquistas mais serenas da "teologia católica" (expressão que ele reserva, suponho, para os consensos oficiais obtidos graças aos resultados da reflexão teológica) o reconhecimento de que toda e qualquer manifestação cultural-religiosa, apesar das ambiguidades que comporta, expressa a relação pessoal com Deus e possui uma significação teologal.

É verdade. Já afirmei em outra sede ser "inegável o papel do II Concílio Ecumênico do Vaticano na nova postura da Igreja Católica em relação ao ecumenismo e ao diálogo com as demais religiões".[19] Contudo, merece reticências o otimismo em reputar essa conquista como "serena". Em todo caso, têm razão os que asseveram que, por coerência com os principais avanços do Vaticano II, é imperativo dar uma interpretação positiva de todas as expressões religiosas da humanidade, sejam ou não sincréticas.

Não obstante o sinal verde conciliar, experiências como o pioneirismo de François L'Espinay parecem ir de encontro à perspectiva de documentos como a conhecida declaração *Dominus Iesus*.[20] Comprovam-no as admoestações dirigidas, anos atrás, contra teólogos católicos como Roger Haight, Tissa Balasuriya (depois revogada, graças à pressão de sua Igreja local) e Jacques

---

[19] Idem. Impasses da teologia católica..., art. cit., p. 97.

[20] Publicada pela Congregação da Doutrina da Fé em 6/8/2000. Ver a respeito meu artigo: SOARES, A. M. L. Allá, en casa, hay muchos lugares! In: VIGIL, J. M. (org.). *El actual debate de la teología del pluralismo religioso. Después de la Dominus Iesus*. Manágua: Servicios Koinonía, 2005. pp. 67-72.

Dupuis (que "aceitou" o puxão de orelhas da Cúria Romana sobre sua obra e, em seguida, morreu). O que nos leva a admitir ao menos dois tropeços, ou obstáculos mal contornados por alguns teólogos cristãos, na sua pretensão de validade diante dos sincretismos: a) a visão que se tem da teologia; b) a necessidade de articular a reflexão sobre a Igreja com a doutrina da universalidade da salvação.[21]

Conforme F. Catão, se não se levar a sério que a teologia, afinal, é um discurso (humano, portanto) sobre Deus e, como tal, passível de interpretação – a percepção da transcendência é chave hermenêutica indispensável para saber-se de que se está falando –, seguiremos vendo "impasse" onde existe apenas:

> uma via aberta, uma larga avenida, que permite interpretar todas as múltiplas e indefiníveis expressões religiosas da humanidade, (...) para servi-las, apontando, graças à revelação, o que está, de fato, no vértice humanamente inacessível de toda busca religiosa.[22]

Outro escolho: a delicada relação entre salvação e Igreja. A salvação, diz Catão, é necessariamente pessoal, brota da fé, serve-se das mais polivalentes (sincréticas) expressões históricas e culturais, e o acesso a ela é universal. A Igreja, por sua vez, como reunião dos fiéis na história, é limitada aos que reconhecem Jesus como

---

[21] Cf. o arrazoado de F. Catão a esse respeito em: Teologia e sincretismos, art. cit., pp. 208-212.

[22] Ibidem, p. 209.

salvador do gênero humano. Ainda para esse autor, a categoria "sacramento", empregada no Vaticano II (primeiro capítulo da *Lumen gentium*), é um bom meio de articular e unir "a realidade invisível da salvação, como comunhão em Deus de todo o gênero humano com a realidade visível da herança histórica da pregação dos discípulos".[23]

A diversidade das culturas é incontornável. E com ela o surgimento de outros François e Françoises. Por isso nem é preciso citar L. Boff, J. M. Vigil ou M. Barros para insistir que a teologia cristã "tem de construir-se por integração das experiências religiosas, a partir, portanto, das realidades sincréticas a que não escapa nenhuma tradição religiosa, nem mesmo a cristã". Essas realidades, entretanto, não colocam a teologia cristã "em embaraço", [mas] "são o caldo religioso de que a teologia é chamada a alimentar-se, num clima cultural que se sonhou constituir independentemente das religiões".[24]

A criatividade das múltiplas experiências cristãs

Não há como discordar das considerações teóricas que fecham o item anterior. O único retoque talvez fosse o de trocar o presente do indicativo em que estão formuladas pelo futuro do pretérito: "[...] *não deveriam* colocar... em embaraço"; "*deveriam ser* o caldo religioso...". Porque,

---

[23]   Ibidem, p. 211.

[24]   Ibidem, p. 213.

afinal, aí está o maior problema: a rígida preocupação com a identidade, verificada em alguns setores da hierarquia católica, vícios de linguagem nos meios eclesiásticos, temores e falta de clareza entre agentes de pastoral, tibieza entre alguns teólogos, manipulação ideológica de certos termos por parte de lideranças religiosas.

Creio que entre meu ponto de vista e os excertos recolhidos até aqui de um teólogo como F. Catão haja ênfases distintas. Catão acentua o que lhe parece definitivamente conquistado pela melhor teologia nascida do Vaticano II; de minha parte, saliento que sua pior teologia também tem sido citada por alguns setores da Igreja Católica. Embora nos agrade a *lectio difficilior* que, sem dúvida, embasa a exegese de Catão e de outros teólogos aos documentos conciliares, também temos de estar atentos às contradições intestinas dos próprios textos do Concílio, porque dão margem a outras leituras menos generosas para com as demais religiões.

À guisa de exemplo dessa necessidade de acompanhar o que realmente vem acontecendo na prática, gostaria de partilhar algumas anotações recolhidas em um fórum internacional que reuniu teólogos da Alemanha, França e Brasil.[25] Um dos temas ali debatidos foi "Comu-

---

[25]   O Fórum Ecumênico Internacional França–Alemanha–Brasil realizou-se em Belo Horizonte, de 7 a 12/4/2003, e teve por lema "Arriscar a fé em nossas sociedades". Dele participei como especialista (*resource person*) em religiões afro-brasileiras. Os resultados do evento saíram em livro na França e na Alemanha. Cf.: SOARES, A. M. L. Identités déplacées: nouveaux sujets et nouvelles communautés; un compte-rendu. In: MULLER, H.; VILLEPELET, D. (org.). *Risquer la foi dans nos sociétés*; Églises d'Amérique latine et d'Europe en dialogue. Paris: Karthala, 2005. pp. 294-303.

nidades cristãs e dispersão das trajetórias espirituais". Atenho-me ao testemunho proporcionado por S. Vasconcelos, que narrou sua aproximação ao fenômeno do sincretismo afro-católico no Nordeste brasileiro.[26] Sua conclusão pessoal, após anos de diálogo, esforço de compreensão e muita paciência com a lentidão e gradualidade do processo, é que cada sincretismo é único, não cabendo em classificações apressadas. Disso é prova a própria experiência do pesquisador, que levou quase uma década de relações de amizade na comunidade para descobrir quem entre seus vizinhos era do candomblé.

Com a autoridade de quem fez a experiência, mas também domina as categorias da teologia e da ciência da religião, Vasconcelos propôs como categoria fundamental para entender a lógica do sincretismo o que o povo de santo chama de "a força vital" ou o "axé". Há um desejo de fundo de participar dessa força na comunidade (terreiro). Daí a facilidade de fazer sincretismo, já que o axé está em tudo, permeia todas as coisas.

E também: SOARES, A. M. L. Unpassende Identitäten: neue Subjekte; und neue Gemeinden? – ein Bericht. In: MÜLLER, H. (org.). *Neues erahnen*; Lateinamerikanische und europäische Kirchen im Gespräch. Ostfildern: Schwabenverlag, 2004. pp. 203-208.

[26] O autor voltou recentemente ao tema em: Vasconcelos, S. S. D. Sincretismo e construção de identidade. In: Da tradição inventada ao sincretismo assumido; hibridismos religiosos em discussão. *Revista Religião & Cultura* 10 (2006), pp. 21-32. Além de Vasconcelos, ouvimos e analisamos outras duas experiências muito distintas: Arnd Bünker (Münster) deu seu testemunho sobre a prática comunitária das comunidades numa paróquia alemã e Denis Villepelet (Paris) expôs os desafios da Igreja Católica francesa, cada vez mais identificada com comunidades de anciãos distantes do interesse e dos questionamentos da juventude.

A partir dessas premissas, Vasconcelos levantou duas questões bastante instigantes com respeito à chamada inculturação e ao pretendido diálogo inter-religioso:

- Que seria uma inculturação para a(s) cultura(s) afro? Pois, afinal, o que a Igreja somente agora está propondo já é feito há séculos pelos negros, e isso é chamado de sincretismo.

- Fala-se, hoje, de diálogo entre cristianismo e religiões de origem africana. Já é um avanço, pois foram necessários quase quinhentos anos para reconhecer o candomblé como religião. Entretanto, em que termos fazer tal diálogo, uma vez que quase todos os membros do candomblé já são católicos?

A discussão posteriormente desenvolvida no fórum enriqueceu a reflexão iniciada por Vasconcelos. Falou-se da grande sensação de liberdade que envolve essas múltiplas experiências, que assim vão fazendo parte da normalidade. "Não nos sentimos mais clandestinos", desabafava alguém do grupo. E ao jogo da teologia não cabe nenhuma mudança radical de propósitos; ela deve continuar fazendo o de sempre: ajudar as pessoas a construir sentido em suas vidas.

Falou-se, também, da politerminologia que ronda a área: inculturação, interculturização, inreligionação, hibridismo, sincretismo, dupla e múltipla vivência, e por aí foi. Aos poucos, tornou-se muito clara a importância de deixar os verdadeiros sujeitos serem sujeitos, mesmo que o preço seja a perda das ideias claras e distintas. Como dizia Vasconcelos, em feliz formulação: "A teologia que leva em conta o sujeito gagueja por honestidade intelectual".

Claude Geffré foi chamado em causa em nome dos contemporâneos que têm insistido neste aspecto: estaremos sempre às voltas com a dupla vivência, nas Américas ou na Europa, uma vez que a questão cultura-religião jamais se resolverá. Por isso, propugnar algo semelhante a uma inculturação pode significar, em certos ambientes, uma variável platônica, na medida em que se pretenda que um núcleo intocado vá ao encontro de toda cultura. De outra parte, se inculturação significar, como dizem alguns documentos do Magistério ordinário católico, um "revelar a cultura a si mesma", na opinião de Luiz Benedetti,[27] isso é simplesmente absurdo.

Seja como for, o debate não deve disfarçar a seguinte questão: poderá a teologia cristã reconhecer algo de positivo, de complexo e de criativo nas construções sincréticas afro-católicas? E que há de preconceituoso ou simplesmente equivocado nos estudos que se realizaram sobre o assunto?[28] Mas é preciso ir além se quisermos olhar a questão procurando entender o ponto de vista e as coordenadas da teologia cristã.

A fé sincrética

Foram mencionadas neste capítulo três experiências distintas, mas confluentes no propósito de se aproximar

---

[27] Professor da PUC de Campinas-SP, também presente no citado Fórum.

[28] Já tratei disso na primeira parte do citado *Interfaces da revelação*.

generosamente das religiões de origem africana e de suas expressões híbridas no confronto com o cristianismo. Falamos do pastoreio de Dom Helder Camara, cujo zelo o levava a não fazer acepção de pessoas, reconhecendo o direito dos praticantes da umbanda e do candomblé de vivenciarem livremente sua religião. Este é um exemplo do diálogo inter-religioso que acontece na prática, a partir de baixo, enfrentando juntos causas comuns. Muito além foi a prática de Padre François de L'Espinay, imbuído de um ardor missionário que resultou em sua iniciação como *mogbá* de Xangô – experiências similares são vivenciadas hoje por outros presbíteros católicos, como Dom Marcelo Barros e Padre Paulo Cezar Botas, e por grupos de pastoral como o Centro Atabaque de Cultura.[29] Para eles, a promessa de fidelidade aos orixás não tira lugar da fidelidade a Cristo. Assim, refazem o percurso outrora vivenciado por místicos hindu-cristãos da linhagem de Raimon Panikkar ou Henri Le Saux. A terceira experiência a faz o pesquisador S. Vasconcelos, aliando a erudição no conhecimento teórico da espiritualidade dos orixás à generosa acolhida do dia a dia das comunidades que aprendeu a respeitar.

---

[29] Cf., por exemplo: BARROS, M. de S. Os santos da Bíblia, orixás da mata e a fé no Deus vivo. In: *Curso de verão – ano VII*. São Paulo: Cesep-Paulus, 1993. pp. 120-142; Idem. Múltiple pertenencia: el pluralismo que viene. In: VIGIL, J. M.; TOMITA, L. E.; BARROS, M. *Teología liberadora intercontinental del pluralismo religioso*, cit., pp. 31-43; Idem. Moradas do vento nos caminhos humanos; para uma teologia da hierodiversidade. *Concilium* 319/1 (2007), pp. 52-60; BOTAS, P. C. *Carne do sagrado – edun ara*; devaneios sobre a espiritualidade dos orixás. Petrópolis: Koinonia/Vozes, 1996. Do Centro Atabaque, ver, entre outros: SILVA, A. A. da (org.). *Existe um pensar teológico negro?* São Paulo: Paulinas, 1998.

As três contribuem, cada qual a seu modo, para que a teologia cristã se esforce por considerar de forma mais positiva as religiões dos povos autóctones e suas variáveis sincréticas. No espírito do último Concílio, pode-se reconhecer que são legítimas, do ponto de vista da história da espiritualidade, as múltiplas experiências religiosas estudadas pela ciência da religião. Mas seria cabível considerá-las como criativas experiências cristãs? Como julgá-las do ponto de vista eclesiológico? Até que ponto exemplos como o de Padre François podem abrir as comportas para uma virada na autocompreensão cristã?

Já dissemos que, do ponto de vista teórico, uma teologia como a cristã não deveria ter nenhuma dificuldade em admitir o caráter sincrético de todas as religiões, inclusive da cristã. Afinal, todas elas são:

> expressão e suporte da percepção de Deus e da relação teologal, pessoal, de cada pessoa e da comunidade humana universal, com a Realidade Primeira a que denominamos Deus e que, no cristianismo, é a comunhão do Pai, com o Filho, no Espírito Santo, a que temos acesso pela fé, a esperança e a caridade.[30]

No entanto, talvez seja possível esmiuçar melhor o que realmente se passa nesta comunicação entre Deus e a humanidade que os cristãos chamam de revelação se ela for entendida nos moldes de uma *fé sincrética*. Com efeito, uma teologia (fundamental e dogmática) mais arejada

---

[30]   Cf. CATÃO, F., art. cit. pp. 213-214.

não se furtará a reconhecer, com o auxílio da ciência da religião, a condição e os condicionamentos radicalmente humanos do acesso à fé cristã (e a qualquer outra fé, afinal). A expressão *fé sincrética* conjuga a origem mais profunda dessa resposta humana com seus inevitáveis limites na expressão e na prática. Ela é absoluta quanto aos valores fundamentais que estão em jogo na escolha aparentemente contraditória dos significantes religiosos (*dimensão fé*); mas é relativa quanto aos resultados efetivamente atingidos (*dimensão ideológico-sincrética*). Pode-se falar, portanto, de *fé sincrética* para identificar o modo mesmo de uma fé "concretizar-se". De fato, não existe fé em estado puro; ela se mostra na práxis.

O que prefiro chamar de *fé sincrética* é muito próximo do que comumente se nomeia como fé inculturada. A diferença está no trajeto, ou seja, no ponto de vista de onde se observa a invenção religiosa popular. A comunidade eclesial propõe-se a inculturar ou inreligionar a mensagem evangélica; o povo responde acolhendo a "novidade" de acordo com suas reais estruturas significativas. Dizer fé inculturada é pressupor um dado transcendente, um valor absoluto finalmente garantido pelo Ser Absoluto acolhido na fé. Presumindo que tal verdade esteja sob sua custódia, a Igreja dá o passo de comunicá-la para além das fronteiras originais. Mas quando afirmo a *fé sincrética*, saliento que o sopro do Espírito já esteja agindo nas demais tradições culturais antes, contra ou mesmo apesar do contato com as comunidades cristãs.

O povo de santo inreligiona o que pode ou quer acolher da tradição cristã. De fato, muitos praticantes da tradição dos orixás, da umbanda e de outras variáveis religiosas de nossa herança africana vivem sinceramente sua espiritualidade católica. Práticas análogas são constatadas entre várias famílias católicas brasileiras de ascendência japonesa. A observância da missa e outros sacramentos não impede a presença de simpáticos altares xintoístas em suas casas. Essa experiência anônima não é menos importante ou mais deletéria que a de autores renomados como R. Panikkar, H. Le Saux, Anthony de Mello ou François L'Espinay. As pessoas acolhem em suas tradições de origem o enxerto cristão, expurgam o que julgam supérfluo, desumano ou sem sentido, relevam certas misturas inevitáveis ao processo,[31] mas vão mantendo o que lhes parece positivo porque enriquece sua própria cosmovisão.

Nota importante da comunidade cristã é sua catolicidade, cuja qualidade é preciso iluminar para redescobrir e salvaguardar. Pois bem, onde está a catolicidade dessas/nessas experiências e/ou testemunhos de sincretismo tão familiares a nós? A conhecida afirmação do Jesus joânico: "No lar de meu Pai muitos podem viver" (Jo 14,2) sugere que o conceito de (a nota da) catolicidade amplie-se para contemplar uma pluralidade de experiências que têm em comum o encontro com Jesus

---

[31] Relevar misturas e aproximações inadequadas entre dois ou mais sistemas de crença, desde que dentro de certos limites de tolerância, não é inovação do sincretismo afro-católico. Budistas, católicos e muçulmanos que o digam. Ofereço uma rápida síntese das concessões feitas pelo cristianismo histórico em: Da encarnação do Verbo à inculturação do Símbolo. In: SOARES, A. M. L. *Interfaces da revelação*, cit., pp. 169-196.

de Nazaré.[32] Pode ser que nem todas tenham gerado ou gerarão o seguimento *stricto sensu*, mas cruzaram com Jesus no caminho (de Emaús?). Enfim, a catolicidade não é propriedade da instituição Igreja Católica.

Se for verdade que a Igreja é católica porque já vive escatologicamente a salvação, nenhuma configuração histórica do cristianismo será normativa absolutamente, embora a experiência das comunidades primitivas conserve até hoje uma força paradigmática que transcende seus limites circunstanciais e nos oferece alguns critérios consensuais, sem os quais não faremos caminho juntos como cristãos. No caso católico, tem-se a Tradição (com T maiúsculo), a Escritura e a seiva da Experiência comunitária. As três iluminam-se reciprocamente. A Tradição, sozinha ou correndo na paralela, degenera em tradicionalismo; a *sola Scriptura* pode virar literalismo (ou, no máximo, exegese sem hermenêutica); a experiência comunitária do presente por si só não vai além de um clube ou, como se diz hoje em dia, de uma tribo urbana.

---

[32] Evito aqui a expressão "casa de meu Pai" seguindo a: MATEOS, J.; BARRETO, J. El Evangelio de Juan; analisis lingüistico y comentario exegetico (2. ed. Madri: Cristiandad, 1982. pp. 625-629), que preferem manter a pretendida distinção em João entre *oikos* (Jo 2,16: casa, templo) e *oikia* (14,2: lar, intimidade). No caso do grego *monai pollai eisin*, não se denota diferença de moradas, somente sua multiplicidade (ibidem, p. 626). Por isso, preferi a construção: (lugar onde) "muitos podem viver" que, ao mesmo tempo que sugere a experiência transconfessional de encontro com Cristo (e não com esta ou aquela instituição eclesiástica), dissuade extrapolações não suportadas pelo texto, como as que aí veem alusões aos vários planos astrais de existência ou confirmações de vida inteligente em outras casas ou planetas criados por Deus.

As mil faces do amor

Falar em *fé sincrética* é fazer jus à experiência (humana) de Deus. Como salienta a nova teologia cristã da revelação, é um ganho da teologia contemporânea a redescoberta de que embora a revelação provenha de Deus, ela não deixa de ser um processo histórico, com etapas que têm seu sentido próprio (DV 15: a pedagogia divina), mas não são definitivas. Nesse processo, o povo bíblico (autores e comunidades leitoras) sempre procurou modular em linguagem humana o sopro e as ressonâncias do Espírito. Donde a força (e a fraqueza) da melodia cristã: esta depende, intrinsecamente, de uma experiência ineludível que só tem sentido se o indivíduo a fizer por si mesmo. E nem é garantido que o resultado deva, necessariamente, configurar-se numa comunidade nitidamente eclesial (ao menos, nos moldes em que a podemos descrever hoje). Mesmo que o fizesse, isso não eliminaria as áreas de penumbra da tradução concreta desse encontro, ou seja, da vida cristã. É por isso que insisto em que nossa condição humana empurra-nos ao sincretismo. O que requer do cristianismo e de religiões com esse perfil monoteísta e universalizante uma contínua crítica e autocrítica do *statu quo*, de suas realizações pastorais e de suas formulações teórico-teológicas.

Segunda consideração. Na outra extremidade do sincretismo estão aqueles que, assim como Padre François L'Espinay, tomam a iniciativa de vivenciar por sua conta e risco aquilo que as camadas populares, de forma mais intuitiva e espontânea, já praticam. São registros distintos que tendem a desaguar em experiências e formulações teóricas também diferenciadas. Mas vejo nelas algo em comum: apesar das inevitáveis ambiguidades que acompanham qualquer processo histórico,[33] elas podem ser vistas pela teologia cristã como *variações de uma experiência de amor*. Ou, se quisermos, como um evento de graça, gratuidade, espiritualidade, enfim. E onde há amor, como repetia a seus alunos Padre Hermilo Pretto, não há pecado.[34] Talvez seja por isso que, apesar dos pesares, o povo de santo não desgrude da Igreja – seja ele do batuque, do terecô, da pajelança ou da jurema; do jarê, da umbanda omolokô, do candomblé nagô ketu ou do candomblé congo angola; do candomblé jeje-mahi, do tambor de mina jeje ou do tambor de mina nagô; do tambor da mata, do xangô de nação nagô ou do xangô de nação xambá.[35]

---

[33] Do aspecto violento desse encontro entre africanos e cristãos europeus, já tratei, com ampla bibliografia em: SOARES, A. M. L. Sincretismo afro-católico no Brasil: lições de um povo em exílio. *Rever*, PUC-SP, v. 2, n. 3, 2002 (http://www.pucsp.br/rever/rv3_2002/t_soares.htm); Idem. Os afrodescendentes e a Igreja: feridas abertas, cicatrizes e esperanças. *Concilium-Revista Internacional de Teologia*, v. 296, n. 3 (2002), pp. 113-120.

[34] PRETTO, H. E. *Em busca de vida nova*; vida religiosa como exigência cristã. São Paulo: Paulinas, 1997. pp. 83-92. Por outra parte, também há quem diga que só quando há amor é possível pecar, pois somente quem ama reconhece o pecado. Não vejo aí contradição com o que estou afirmando. Quem ama está mais alerta ao dano que se comete contra as pessoas; mas o ato amoroso em si não é pecaminoso, embora, pela nossa própria concupiscência, no sentido que K. Rahner deu a esse termo, ele sempre será um gesto ou atitude mesclado, ambíguo. É fé sincrética, enfim.

[35] Sigo a lista de: FERRETTI, S. Religiões afro-brasileiras e pentecostalismo no fenômeno urbano. In: BAPTISTA, P. A. N.; PASSOS, M.; SILVA, W. T. *O sagrado e o urbano*; diversidades, manifestações e análise. São Paulo: Paulinas, 2008. p. 110.

A teologia cristã concebe a história da revelação divina como história de amor entre Deus e a humanidade, que tem por tálamo a história. Porque faz parte da revelação também a maneira como os povos foram chegando aos dogmas, isto é, em meio a avanços e retrocessos, erros e acertos, gestos amorosos e pecaminosos. Só assim podemos entender como o conjunto de "revelações" à primeira vista autoexcludentes recolhidas e mantidas em contiguidade pelos redatores bíblicos componham, hoje, a "Palavra de Deus". Em suma, outras variáveis possíveis, a partir de uma mesma intuição original, têm lugar na tradição cristã. É o caso da fé abraâmica a que hoje se reportam tanto judeus quanto cristãos e muçulmanos. E se assim é, os teólogos podem ler o sincretismo como a história da revelação em ato, na medida em que consiste no caminho real da pedagogia divina em meio ao povo concreto, inventor e divulgador da cultura. Está aí o exemplo de Padre François a demonstrá-lo, da maneira mais terna e contundente possível.

Isso remete a uma terceira consideração, inspirada na coleção de Adolphe Gesché intitulada *Deus para pensar*.[36] Ou seja, Deus seria condição de possibilidade para pensar qualquer coisa. Qualquer teologia é, assim, "ciência dos excessos", que pensa o impensável, vai até os limites do pensamento, e tem em Deus a metáfora para esse limite. Se, de um lado, como dizia o católico

---

[36] Coleção Deus para pensar. São Paulo: Paulinas (*Dieu pour penser*, no original).

jesuíta K. Rahner, toda teologia é antropologia, de outro ela pretende estudar Deus mesmo, Deus em si, pondo-se no lugar dele. É uma ousadia, bem o sabemos, mas a teologia também não quer abrir mão desses tateios.

Essa ousadia de teólogas e teólogos tem seu correspondente na teimosia sincrética popular, cujo excesso é não querer largar nenhum dos dois amores (catolicismo e candomblé, por exemplo). Ela quer os dois; é contra a monogamia. Pode ser desesperador para a antiga escolástica, pois "quando a gente narra, desconcerta" (Vasconcelos), mas é bem compatível com a mística de ontem, hoje e sempre. É fascinante, sem deixar de ser tremendo, para quem está vivendo a experiência. Além disso, também consiste em um saber experiencial que gera um novo poder oriundo dessa nova experiência. Um poder conflituoso, pois, o saber sempre foi uma forma de administração da força e os novos sujeitos que estamos testemunhando (*queers*, afrodescendentes, mulheres, juventude do século XXI) provêm de um *não poder*.

F. Catão encerra seu artigo aqui citado com uma opinião bem pessoal sobre a melhor maneira de conceber realidades nitidamente sincréticas, tais como o sincretismo afro-católico. Ele não as vê numa perspectiva pastoral, no sentido estrito do termo (= imagem bíblica do pastoreio), pois são:

> realidades religiosas dotadas de uma originalidade própria indiscutível e que devem, como tais, na sua diversidade, ser respeitadas e integradas na comunhão católica de maneira original, a ser melhor definida, profundamente diversa, porém, das outras

"pastorais", como se diz, num afã demasiado imediatista de cooptação.[37]

Faz sentido. Não há por que ter pressa em "batizar" as legítimas experiências religiosas do povo; elas já são válidas e têm seu lugar na surpreendente *mandala* de respostas ao que Karl Rahner chamava de autocomunicação daquele que por primeiro amou a humanidade.

Para Catão, "uma das características fundamentais da tradição cristã" é que "não importa a forma [e o lugar] de adorar a Deus, [se] em Jerusalém ou na Samaria. O importante é adorá-lo, como o próprio Jesus o fez, em Espírito e em Verdade".[38] Nessa mesma direção, creio que a comunidade cristã de fé encontrará sua *catolicidade* na medida em que for aprendendo a distinguir entre o "tudo cabe" – eclético refrão pós-moderno – e o "todos cabem" – este, sim, utopicamente evangélico e evangelicamente utópico.

---

[37] Ele até coloca em xeque "a validade do que se vem denominando, entre nós, pastoral negra". Cf. CATÃO, F., art. cit. p. 214.

[38] Ibidem.

Capítulo 3

Das tradições africanas às tradições afro-brasileiras

Faremos aqui um contraponto ao capítulo anterior. Ali consideramos duas possibilidades de experiência sincrética, uma propositiva, representada pelo esforço de Padre L'Espinay e a legião de grupos e agentes de pastoral cristãos que, inspirados ou não em seu pioneirismo, vão ao encontro dos mistérios ancestrais africanos numa atitude mais prudente de se pôr a aprender algo (aparentemente) não contemplado na sistematização de sua tradição espiritual cristã. Outra realidade é o sincretismo espontâneo popular, cuja origem perde-se nos primeiros encontros, em geral, violentos entre a fé cristã e as religiões autóctones. Aí vamos descobrir uma sabedoria ecológica[1] que escolhe

---

[1] Ecológico no sentido que J. L. Segundo imprimia às condutas populares homeostáticas, que garantiam equilíbrios mínimos para a sobrevivência cultural e social, mesmo em sociedades agudamente injustas como as latino-americanas. Cf.: SEGUNDO, J. L. O homem de hoje diante de Jesus de Nazaré. v. 1: Fé e ideologia, cit., passim.

perder certas coerências e misturar o que não se mescla, contanto que consiga sobreviver como grupo social.[2]

Com pai Simbá, caso a ser estudado neste capítulo, são, em vez disso, as tradições africanas, *remixadas* na América luso-indígena, que vão em busca do catolicismo. Desta feita, porém, não parece haver nenhum constrangimento escravagista ou imposição elitista por trás de sua decisão.[3] Fundador, na metrópole de São Paulo, da Comunidade Católica Apostólica Espiritualista Nosso Senhor do Bonfim, este líder espiritual que também é conhecido como Padre Lima representa o outro lado da moeda da inculturação. Numa surpreendente criatividade e, por que não dizer, ousadia, Simbá estudou os conteúdos filosóficos e teológicos do cristianismo a fim de encontrar novos significados e linguagens para sua fé originária umbandista.

---

[2]   Em recente resenha dos novos movimentos religiosos entre nós, S. Guerriero confirma que "várias análises apontam para o caráter múltiplo do catolicismo brasileiro, bem como para a constituição de um *ethos* religioso profundamente sincrético" (GUERRIERO, S. Novidades religiosas: entre relativismos e fundamentalismos. In: BAPTISTA, P. A. N.; PASSOS, M.; SILVA, W. T. *O sagrado e o urbano*, cit., p. 16).

[3]   Mas há casos em que a mudança de "agência religiosa" supõe constrangimentos de alguma ordem. P. Birman menciona o "trabalho sincrético" realizado na Igreja Universal do Reino de Deus (Iurd), principalmente por mulheres ex-integrantes de cultos de possessão que, para não perderem "seus serviços mágicos e religiosos" e "parte de sua antiga clientela", passam a oferecer "não mais os benefícios promovidos por seus antigos espíritos, mas um controle quase policial sobre eles, agora diabos, 'amarrando--os', 'queimando-os' renovadamente por meio de exorcismos e novos rituais trazidos da Iurd" (BIRMAN, P. Conexões políticas e bricolagens religiosas: questões sobre o pentecostalismo a partir de alguns contrapontos. In: SANCHIS, P. (org.). *Fiéis & cidadãos*; percursos de sincretismo no Brasil. Rio de Janeiro: UERJ, 2001. p. 63).

Mas teria esse movimento algo a ver com o que os cristãos entendem ser os caminhos da revelação pedagógica de seu Deus? Seria pertinente se a teologia cristã considerasse tal sincretismo como inreligionação do candomblé ou da umbanda no catolicismo? Iremos primeiramente encarar essas questões. Mas, no final, teremos de desafiar o leitor eventualmente cristão a considerar o seguinte fato: a teologia afro-brasileira hoje não é mais somente a teologia cristã afro ou afro-indígena; já há teologias cujos sujeitos são os próprios membros das mais variadas denominações afro-religiosas. Estes já começaram a pensar criticamente sua fé e sua vivência espiritual em categorias conceituais próximas daquelas ocidentais. Não podem mais ser deixados de fora das análises.

Uma criatividade religiosa desconcertante

Nos primeiros sábados de cada mês, às 19h, costuma haver missa na Comunidade Católica Apostólica Espiritualista Nosso Senhor do Bonfim. Desde as 18h, o espaço da igreja já costuma estar lotado, sem nenhuma cadeira ou banco vazio. O altar é coberto por tecido amarelo e, ao fundo, na parede, há uma estrela grande talhada em madeira, tendo ao centro a imagem de Nossa Senhora Aparecida, padroeira do Brasil. No altar também há dois anjos, um de cada lado. Flores do campo decoram toda a igreja. Quem preside a celebração é o Padre José Carlos de Lima. Após o canto de entrada ("Deixa a Luz do céu entrar"), o padre faz uma rápida saudação a todos os presentes, e pede que cada qual faça uma oração na intenção das almas. O restante é, basicamente, o rito católico previsto no Missal Romano. A não ser por um inusitado atrativo: após a proclamação do santo Evangelho, Padre Lima atua como médium e recebe o espírito do defunto Padre Gregório, saudoso vigário de ascendência alemã da Igreja Católica apostólica romana de São Judas Tadeu, no bairro paulistano do Jabaquara. A homilia fica a cargo do ilustre visitante, desencarnado há mais de vinte anos. Em seguida, segue o rito católico normal, sob a presidência do médium em transe, que só recobra a consciência pouco antes da bênção final, após a partida de Padre Gregório, que promete voltar mês que vem.

O povo que ali acorre com devoção costuma retornar ao templo às quintas-feiras para receber passes e conselhos de pai Simbá, nome adotado por Padre Lima nos dias em que abre o primeiro andar de sua Casa de oração para ritos e celebrações afros tipicamente mediúnicos. Embora a abertura oficial dos trabalhos só aconteça por volta das 21h, desde o final da tarde, pai Simbá já está acolhendo as pessoas e preparando oferendas para os frequentadores da Casa. Toda a equipe é muito atenciosa. As funções abrem-se com uma gira; defuma-se o local e a plateia. Na gira de Preto Velho, pai Simbá canta e dança entre os seus filhos de santo. Está sempre bastante animado. Vestido com uma espécie de saia e trajando uma blusa colorida, toca nos braços dos filhos de santo e, em segundos, eles entram em transe. Chama a atenção no conjunto uma senhora de traços asiáticos, uma de suas filhas de santo. Começam a dançar com o corpo encurvado, como se fossem todos velhos. Pai Simbá assume o toque do atabaque e o som é muito bom e contagiante. Visivelmente, há, na gira e na plateia, muito mais pessoas brancas do que negras. Para completar a decoração do ambiente, está exposto numa das paredes da Casa um diploma concedido a José Carlos de Lima, em 1994, pela Pontifícia Faculdade de Teologia Nossa Senhora da Assunção, que o qualifica como bacharel em Teologia Católica.[4]

Esse longo excerto, que captura um dos sinais da religiosidade afro-brasileira na secularizada cidade de São Paulo, confirma sem dúvida a obra de Padre Lima/ pai Simbá como uma das mais inesperadas. Ele cuida de seu rebanho paulistano de maneira muito original. Sediada no coração da cidade, a Comunidade Nosso Senhor do Bonfim, por ele fundada há mais de trinta anos, oferece missa segundo o ritual católico toda terça-feira e no primeiro sábado de cada mês,[5] além do atendimento personalizado oferecido por pai Simbá, às quintas-feiras, no primeiro andar de sua Casa de oração. O espaço, aliás, já é sede de cultos de candomblé, com toque de umbanda, há pelo menos quarenta anos.

---

[4] O texto acima reproduz sucintamente, com retoques de estilo e pequenas correções de sintaxe, o relato apresentado por Terezinha Malaquias em: A presença de expressões religiosas de origem afro no centro de São Paulo. In: *Relatório final de Pesquisa de Iniciação Científica*, PUC-SP, 2005. Na sequência, quando não se indicar outra fonte em rodapé, os dados corresponderão ao depoimento do próprio pai Simbá/Padre Lima à mesma pesquisadora.

[5] Em visitas mais recentes a esse templo religioso, constatei que os horários de terça e sábado têm variado bastante. Apenas as atividades mediúnicas das quintas-feiras mantêm-se regularmente.

As pessoas que frequentam sua Casa são, conforme depoimento do próprio sacerdote, funcionários públicos, pequenos empresários, empregadas domésticas, prostitutas, pessoas da alta sociedade, filhos de santo, clientes de outros Estados e até da Itália e da Alemanha. Vários são asiáticos ou seus descendentes. "Tem uma japonesa aqui", conta o sacerdote, "cujo filho – que hoje tem 21 anos – teve o santo com apenas três anos de idade. Só ela está comigo há mais de trinta anos." Mas toda essa diversidade étnica, moral e social permanece "dentro de um regime". "O que eles fazem lá fora não me interessa; aqui tem de manter o respeito", garante Simbá.

A própria etnia do líder religioso surpreendeu os primeiros pesquisadores que o entrevistaram. "Muito havia ouvido falar sobre o tal pai Simbá/Padre Lima/Padre Gregório que possuía um centro de umbanda onde eram realizadas missas", confessa o pesquisador estreante Matheus Rector. "Pai Simbá? Imaginava, pelo nome, um senhor já idoso, negro e forte, em vestes semelhantes às do orixá Oxossi, um caçador. Pois não é que se trata de um homem com seus 50 anos e de traços físicos que eu até diria serem alemães!?".[6]

De onde veio a ideia ou a inspiração para criar um centro religioso tão diferente e, ao mesmo tempo, tão atraente para a demanda pós-moderna da metrópole? Pai Simbá conta que, desde muito jovem, já era assíduo participante em terreiros do ABC paulista. Desde o berço, foi iniciado numa espiritualidade multifacetada. Sua

---

[6] RECTOR, M. A. F. Relatório final da pesquisa "Sagrado na metrópole". PUC-SP, 2006. p. 12.

avó já era uma pessoa espírita e sua bisavó orgulhava-se da cultura e sangue índios. O bisavô trouxera de Portugal o peculiar catolicismo luso. Enfim, diz nunca ter tido problema com religião, "porque minha família foi católica, mas com visão espiritual".[7]

> Então, no meu caso, como é que eu me tornei médium? Eu me tornei médium com que idade? Quando eu tinha 14 anos me desenvolvi. Eu tinha muito medo, muito medo, medo de tudo. Eu tinha medo de tudo, de coisas que fossem do sobrenatural, sem conhecer, eu tinha 14 anos, mas, ao mesmo tempo, tinha uma agressividade física que, se alguém olhasse para mim e me medisse, eu não pestanejava duas vezes, eu já ia querer brigar.

> (...) além do medo, comecei a ter muito problema de visão, eu não enxergava, eu ficava às vezes dois, três dias sem visão nenhuma, eu cada, sei lá, cada dez dias, uma vez por mês, três vezes por mês eu desmaiava, eu caía onde eu estava, eu tinha muitas dores de cabeça, dores de cabeça horríveis. Aí eu fui no médico, que na época minha mãe tinha condição, fui em bons médicos (...) e não deu nada! Até o dia em que me levaram num centro de kardecismo, que é mesa branca, fiquei nesse centro por uns três meses e a própria pessoa que se chama presidente da mesa, que comanda essa mesa, viu que não era lugar para mim, que eu tinha uma mediunidade muito mais agressiva...

---

[7] Na longa citação a seguir, estão intercalados trechos de depoimentos dados a T. Malaquias e, mais tarde, a R. de C. C. Santos e M. A. F. Rector.

Aí me mandou para um centro de umbanda em São Bernardo do Campo (...). Foi um dos primeiros onde eu me desenvolvi. Era um centro pequenininho ali onde hoje é a Cidade da Criança, no Largo da Vera Cruz. Quando entrei lá a primeira vez, que eu coloquei a roupa branca, eu perguntei para minha avó, que estava na assistência: "Que horas são?". "Oito horas", ela disse. Aí começaram a tocar os atabaques e eu apaguei. Quando acordei, vi que era uma hora da manhã. E o centro estava inteirinho quebrado. Eu incorporei alguma coisa lá que sozinho quebrei o centro todo.

Dali para frente, bom, tudo bem, dali para frente passaram todos os meus sintomas. Fiquei bem e aí comecei a trabalhar espiritualmente, tá? Mais tarde, fui para um centro que se chamava *Caboclo Índio*. Era onde hoje é o restaurante de polentas São Judas Tadeu, lá em São Bernardo. Foi lá que acabei de me desenvolver.

E depois da umbanda fui para o candomblé de Angola – é uma nação, né? Nesse candomblé, fui feito no santo. Só que, quando fui feito no santo – você deita vinte e um dias —, eu tinha crises de vômito, passava mal, punha sangue pelo nariz, sangue pela boca e eu não conseguia ficar lá dentro. Aí, o zelador de santo tinha que jogar tudo fora, ele não entendia o porquê. Aí, depois de uns quarenta dias mais ou menos, agruparam-se mais ou menos uns cinco zeladores de santo, jogaram búzios para poder cada um dar um parecer. Descobriram, então, que eu era *bikun*. *Bikun* é uma pessoa que já nasce pronto e não tem necessidade de fazer o santo. [...] Então eu fiz uma outra obrigação em cima do *bikun*, não aconteceu nada, ocorreu tudo direitinho. Depois, aos 17 anos, passei a ter meu centro na Barra Funda, onde estou até hoje.

Pai Simbá tornou-se, como ele prefere dizer, *zelador de santo* e, durante vinte e três anos, só lidou "com a parte de candomblé e umbanda". Foi então que recebeu uma ordem espiritual de que teria de estudar teologia católica. "Porque teologia é um estudo mais profundo do que o habitual no dia a dia da umbanda e do candomblé", explica ele. "Não basta apenas o que as entidades nos passam. Chega uma hora em que a gente sabe que todas as pessoas, um dia, foram católicas, foram batizadas na Igreja Católica e é preciso conhecê-la melhor", conclui.

> E aí foi indo, foi indo, e quanto a ir para um seminário, ir para uma igreja, isso eu já tinha completado vinte e um anos de obrigações espirituais – obrigações de umbanda e, depois, de candomblé. Tinha completado. Após vinte e um anos, existe uma lei espiritual: você não deve deixar de trabalhar, mas você não tem mais um compromisso de estar indo todo dia, tudo isso, tudo aquilo, você já pode, sabe? Aí que eu resolvi ir pro seminário. Por que foi que eu resolvi ir pro seminário?

Lima/Simbá diz que o primeiro motivo foi ter-se lembrado de um antigo sonho, muito significativo, que já parecia adiantar a vocação religiosa do futuro padre:

> Quando eu tinha aproximadamente 15 anos, ganhei o meu primeiro piano [Padre Lima estudou piano por quase quinze anos]. Nessa noite, quase não dormi. Fiquei ali, olhando para o piano. Acabei tendo um sonho, muito claro, muito nítido. Eu subi sobre uma

tábua, no meio de uma maca, e cheguei no plano, onde eu vi Jesus Cristo sentado sobre uma pedra, e um casal passeando em uma rua de terra, um jardim, tendo no meio uma macieira. Não vi o rosto de Cristo, mas peguei na mão dele e ele na minha. Eu lhe disse: "Posso ficar aqui com o Senhor?". "Não", me respondeu. "Você precisa descer porque preciso muito de você lá embaixo ainda. Um dia você estará aqui em cima comigo." Nisso, ele me vestiu um camisolão comprido. Eu disse que era muito grande para mim e ele me retrucou: "Com o tempo, isso vai servir em você". Eu pisei, então, sobre uma tábua e desci sobre uma fumaça. Quando me dei conta, estava numa mata, perdido. Logo à frente, tinha um índio que me chamava, assobiando. Eu o segui e, quando dei por mim, estava colocando a chave na porta da minha casa e a abri. Quando acordei, estava todo encharcado.

Um novo sonho, anos depois, com igrejas, padres e freiras, convenceu-o da "revelação" recebida e indicou-lhe ser importante aproximar-se da Igreja Católica e tornar-se padre. Foi o que fez. Ingressou em um seminário da capital paulista, cursou filosofia e teologia na faculdade católica arquidiocesana, e, ao final de oito anos, foi ordenado diácono. Não sem grandes dificuldades, porém:

> [...] foi difícil eu entrar porque eu tinha um centro [de candomblé], tinha de fazer residência um ano numa igreja e depois eu tinha de contar a verdade. Só entrei no seminário porque consegui uma carta da chefe de gabinete do governador na época, que eu não me lembro quem era agora. Ela vinha aqui no centro e aí ela arrumou uma carta: "Como o senhor não vai

entrar? Não existe esse negócio de preconceito. Você vai, sim". Então, ela pegou a carta, mandou pro governador, mandou para a Igreja, e aí eles me mandaram para o seminário. Aí fiz vestibular, fiz tudo lá e aí fui e estudei...

Entretanto, as desavenças causadas por sua opção espiritual fizeram-no ser ordenado diácono junto aos anglicanos e, mais tarde, presbítero ao buscar abrigo entre os "veterocatólicos".[8] No final, para "continuar com seu toque, sua missão espiritual", decidiu retirar-se e fundar sua própria Igreja, que contempla elementos do catolicismo tradicional, do kardecismo, do candomblé e da umbanda.

Por acumular, simultaneamente, as funções sagradas de padre (vetero)católico e zelador de santo, Lima admite que "isso traz, às vezes, algum conflito para os adeptos". Por exemplo: "Por que, o que é isso? Será que eu não posso fazer? Será que eu não estou pecando? Será que isso, será que aquilo...". Aí entra, no seu entender, o papel da teologia católica, pois sem ela "a gente não tem

---

[8]   Nas palavras de Padre Lima, recolhidas por M. Rector e R. de C. C. Santos: "Aí eu me ordenei, sim, pela Igreja Anglicana. Que na época a Igreja Anglicana era aceita pela Igreja Romana. Só deixou de ser aceita quando eles ordenaram mulher lá na Inglaterra, né? Mas aí não estava me dizendo nada. Então, o bispo, depois que eu me ordenei pela Igreja Anglicana (não me lembro o nome dele), foi embora de São Paulo. Eu fiquei meio sem apoio, não na teologia, mas fiquei meio sem apoio para trabalhar. Aí, eu arrumei uma, que a gente chama de entidade, que é a Igreja dos Velhos Católicos no Brasil. Então, tinha um bispo que tinha saído da Igreja romana [...] ele estava no Brasil formando um grupo e eu fiz parte desse grupo e ele me ordenou. Hoje ele já é falecido, há mais ou menos dez anos".

uma explicação, um conceito com uma definição, para que você possa, não digo conquistar a pessoa, mas deixá-la livre para poder fazer o que bem quiser, sem misturar, [afinal] Deus é um só; apenas existem rituais diferentes".

Lima parafraseia o Evangelho:

> Veja bem, Deus diz assim: "Na casa de meu Pai existem várias moradas". Você vai servi-lo de acordo com a forma que você achar melhor. Pode ser com um vaso de flor, com uma vela branca ou com comida de santo. Pode ser indo à missa comungar, indo à missa e recebendo os sacramentos da Igreja. Ou pode ir à umbanda ou ao candomblé, que também possuem vários tipos de sacramentos, embora os chamemos de obrigações ou trabalhos.

Com sua criativa hermenêutica, o padre-zelador de santo explica que, se uma pessoa com o dom da mediunidade se "fizer no santo" e se dedicar ao orixá, não perderá nada do que tiver recebido na Igreja Católica. O que vale, afirma, é o seu primeiro batismo. Do mesmo modo que alguém batizado na Igreja Católica apostólica romana e que, futuramente, vier a se tornar evangélico, e for batizado na Igreja Presbiteriana ou na Quadrangular, apenas estará fazendo uma opção de religião, batizando-se lá para poder frequentar e começar a receber a doutrina e a filosofia daquela Igreja.

Justamente para poder legitimar essa atitude de aberto diálogo entre as religiões, é que pai Simbá decidiu cursar a teologia oficial católica. Quis "dar às pessoas várias formas de entendimento, de obrigações, e também de sacramentos". Só não ficou na Igreja romana;

formou-se, ordenou-se, mas não ficou em seu seio "porque a Igreja romana, como toda empresa, tem critérios".

> "Se você quiser trabalhar aqui", dizem os hierarcas, "não poderá ser assim, pois desse jeito nós não aceitamos". Mas, uma vez que você domina um conceito de uma religiosidade, você faz uma teologia, por exemplo, têm certas igrejas que não admitem que você benza um chaveiro, outras não admitem que você celebre uma missa de sétimo dia e fale sobre encarnação e reencarnação. Apesar de que a gente estuda espiritualidade em teologia, e que mostra tudo isso. Só que a Igreja tem um critério: ela não quer que você propague esse tipo de ligação, porque senão ela vai fundir com o espiritismo, e ela não aceita isso.

E pai Simbá arremata: "Oficialmente, as igrejas cristãs não admitem a reencarnação. Mas muitos de seus padres são ou foram espíritas; são médiuns". E, segundo ele, chegam a frequentar terreiros, embora de forma meio camuflada. Diz:

> Haja vista que o Padre Gregório, da igreja de São Judas, era um padre que trabalhava na Igreja Católica apostólica romana, mas era um padre vidente. Nunca se importaram com o que ele fazia, porque ele era um padre que só atendia as pessoas da alta sociedade e as que o ajudavam a manter o seu asilo de velhos, a sua creche de crianças. Então, você pode ir à capela de São Judas que você benze o que quiser, faz o que quiser. É um contrassenso.

"Então", prossegue em sua prosa fácil e cadenciada, "não se podia largar trinta anos de espiritualidade só porque eu me ordenara padre. Porque eu estudei teologia, estou vendo o certo e o errado, os prós e contras." Decidiu, então, inovar com sua Igreja do Bonfim. Hoje, a obra vive de doação e de pequenas mensalidades. É uma instituição autônoma, com rituais oriundos da umbanda, do candomblé e também do catolicismo. O espiritismo também marca presença nas visitas do desencarnado Padre Gregório. "Minhas missas têm algumas coisas parecidas com as da Igreja romana, claro, porque nem tudo é errado. Porém eu tenho sempre critérios de passar uma oração, um sermão, sempre num contexto espiritual."

Padre Lima não se parece com um apóstata da fé cristã. Ao menos, não é essa a sua intenção. Ele sempre exorta os fiéis a irem à missa, comungarem e, de vez em quando, tomarem uns banhos de ervas para defesa. Não vê nisso nada que os cristãos já não tenham feito em épocas remotas.

> A Igreja Católica condena os jogos de búzios. Mas existia um jogo que se fazia na época de Nero, na Roma Antiga, em que se jogava com uns dados chamados *tumim-turim* (sic). Eles jogavam e pediam para o sacerdote jogar para saber se podia vender, se podia comprar, se estava na hora de aumentar imposto, se não estava, se tinha de aumentar o templo, quem era bom para ser ministro etc.

A visão de inculturação, a que Padre Lima certamente teve acesso nos tempos de seminarista católico, assume aqui o que poderíamos chamar de "pluralismo radical". A "situação afro", diz ele, não é você falar o idioma, o iorubá, não é você ter conhecimento e ver que uma coisa é realmente da raiz e depois entrar no ritual. Você não vai a uma loja e compra aquele vestido vermelho só porque na sua amiga ele caiu bem; precisa ver se você tem altura ou corpo para usá-lo, se aquela cor vai ficar boa em você etc.

Em outras palavras: cada um tem a religião de que precisa ou que aguenta seguir. Ademais, não é dito que um único mediador ou profeta detenha "a" verdade definitiva.

O "seu" Chico Xavier foi um grande médium. Mas nem todas as mensagens que ele passou eram a "verdade". Se eu também fosse psicógrafo, talvez passasse a mesma mensagem, só que com outras palavras. Porque cada desencarnado, cada mentor, teve uma instrução, está num plano, para mostrar uma coisa diferente.

A complexidade da realidade espiritual não cabe em uma só tradição religiosa. Por outro lado, uma mesma verdade pode vibrar diferentemente, dependendo do gênio e da habilidade do artista ou dos seus recursos instrumentais. O intelecto, aqui, não esgota tudo, pois "a gente não se pode basear por livros, só pode ter uma noção".

Por exemplo: você põe cinco pianistas tocando a *Sétima Valsa* de Chopin no teatro: é a mesma música, mas com sentimentos diferentes, mais floreados ou menos floreados. Pedrinho Mattar e Artur Moreira Lima são grandes pianistas, mas, quando tocarem o *Noturno* de Chopin, cada *performance* terá um

> sentimento. Você pode gostar mais de um ou mais do outro. Não quer dizer que um tocou melhor; apenas que te comoveu mais que o outro.

Como vemos, se ainda são prematuras as conclusões sobre o significado desse microcosmo administrado por pai Simbá/Padre Lima no universo da metrópole paulistana, ao menos já nos é possível antever um de seus aspectos mais relevantes: a recepção-aceitação-interpretação de fenômenos como esse no seio das lideranças católicas.

Como podemos facilmente adivinhar, os serviços religiosos prestados por Padre Lima/pai Simbá têm potencial para constranger até o mais progressista dos teólogos (pós-)modernos. Entretanto, nem é preciso que se configurem experiências tão agudas e explícitas para que se identifique, nos discursos e nas práticas católicas, uma histórica ambivalência no lidar com tais hibridismos. Ultimamente, a hierarquia católica tem adotado o termo inculturação para tratar do assunto, mas, ao que tudo indica, tal procedimento apenas camufla as reais dificuldades que o cristianismo oficial sempre enfrentou, a partir do momento em que decidiu ser uma religião missionária universal.

O sincretismo, esse velho conhecido dos cristãos

O exemplo da comunidade religiosa de Padre Lima/ pai Simbá é um caso extremo de religião afro-americana que, se não pode ser chamada de moderna, também não é mais pura e simplesmente tradicional. Uma saída mais fiel à realidade poderia ser arrolá-la entre as *religiões não tradicionais*, no sentido que Kwame A. Appiah dá a essa expressão para qualificar o processo atual de intercâmbio entre as sociedades tradicionais africanas e as modernas europeias.[9] Lá como cá, há algo de moderno e simultaneamente tradicional no povo de santo.

Mas o dom de assustar cristãos europeus não é privilégio africano ou americano. A religião vietnamita *Cao Dai*, fundada em 1926, apoia-se na estrutura organizacional católica (com papa, cardeais e bispos), segue uma doutrina que combina filosofia budista com taoísmo e moralidade confucionista, além de contar entre suas práticas com sessões mediúnicas inspiradas em Allan Kardec.[10]

Perto de tais licenças poéticas, a ousadia cosmopolita de pai Simbá/Padre Lima soa moderada, embora corra o risco de ser hostilizada até pela liderança negro-católica mais progressista, que em tese deveria estar mais disposta a condescender na abordagem teológica dos hibridismos religiosos. De fato, mesmo nesses setores, a posição majoritária é de perplexidade, condenação ou encobrimento do sincretismo religioso. Tolerado

---

[9]   APPIAH, K. A. *Na casa de meu pai*; a África na filosofia da cultura. Rio de Janeiro: Contraponto, 1997. pp. 155-192. Sobre as religiões populares africanas contemporâneas e o formidável processo de sincretização que se está verificando entre o moderno, representado, de algum modo, pelo cristianismo e o tradicional, cf., entre outros: MPASI, L. B. di. A propós des religions populaires d'Afrique subsaharienne. *Téléma* 18/2 (1979), pp. 19-50.

[10]   OLIVER, V. L. Caodai Spiritism (Leiden, 1976). Apud BURKE, P. *Hibridismo cultural*. São Leopoldo: Unisinos, 2003. pp. 28-35.

na prática pastoral em nome da caridade cristã, ele é, geralmente, repudiado nos pronunciamentos e documentos oficiais.

Os últimos tempos, porém, têm-se caracterizado por uma tímida revisão de atitude em favor do sincretismo. Iniciada do lado católico, ela foi, no entanto, surpreendida, há alguns anos, por uma importante tomada de posição do lado contrário. Fruto da II Conferência Mundial da Tradição Orixá e Cultura,[11] um manifesto divulgado na imprensa anunciava a polêmica decisão de romper com o sincretismo afro-católico. Segundo as ialorixás signatárias, "nossa religião não [é] uma seita, uma prática animista primitiva; consequentemente, rejeitamos o sincretismo como fruto da nossa religião, desde que ele foi criado pela escravidão à qual foram submetidos nossos antepassados".[12]

O passar dos anos acabou mostrando, porém, alguns matizes desse novo juízo sobre o sincretismo histórico.[13] A ruptura com o sincretismo não implica

---

[11] O evento deu-se em Salvador da Bahia, de 17 a 23 de julho de 1983.

[12] Cf. CONSORTE, J. G. Em torno de um manifesto de ialorixás baianas contra o sincretismo. In: CAROSO, C.; BACELAR, J. (org.). *Faces da tradição afro-brasileira*; religiosidade, sincretismo, anti-sincretismo, reafricanização, práticas terapêuticas, etnobotânica e comida. Rio de Janeiro-Salvador: Pallas-Ceao, 1999. pp. 71-91 (aqui: pp. 88-89).

[13] O movimento antissincrético continua fazendo adeptos Brasil afora – como no caso de mãe Sylvia de Oxalá, no bairro paulistano do Jabaquara, ou de mãe Sandra Epega, em Guararema, no interior de São Paulo. No entanto, para S. Ferretti, ele ainda é minoritário e circunscrito a alguns líderes de cultos afro mais escolarizados e/ou influenciados pelos movimentos negros (FERRETTI, S. Religiões afro-brasileiras e pentecostalismo no fenômeno

abandono do catolicismo. Segundo mãe Stella de Oxós-si, quem quiser continuar católico, decida-o individual-mente. Se quiser ser de Ogum e de Santo Antônio, não há problema; desde que saiba que "são energias dife-rentes".[14] Todavia o manifesto inaugurou uma postura diferenciada, em que lideranças de tradições religiosas distintas começam a encontrar-se em pé de igualdade. E podem, ou não, aceitar o sincretismo. É o que bem resume R. Prandi:

> O culto aos orixás misturou-se ao culto dos santos católicos para ser brasileiro – forjou-se o sincretis-mo. Depois, apagou elementos negros para ser uni-versal e inserir-se na sociedade geral – gestou-se a umbanda. Finalmente, retornou às origens negras para fazer parte da própria identidade do país – o candomblé foi-se transformando em religião para todos, iniciando um processo de africanização e des-sincretização para recuperar sua autonomia em rela-ção ao catolicismo.[15]

O tema é, obviamente, polêmico. Sérgio Ferretti, por exemplo, discorda de Prandi e entende que o atual

---

urbano. In: BAPTISTA, P. A. N.; PASSOS, M.; SILVA, W. T. *O sagrado e o urbano*, cit., p. 115).

[14] Ibidem, p. 73. Nas palavras da ialorixá Olga de Alaketo: "Eu gos-to de separar. Para mim, se eu chegar na igreja, eu quero rezar Pai-Nosso e Ave-Maria, pedindo a Deus socorro, misericórdia. Se eu chegar numa parte da obrigação do candomblé, eu boto meu joelho no chão e vou conversar de Exu até Egum e Xangô a Oxa-lá" (p. 81).

[15] Cf. PRANDI, R. Referências sociais das religiões afro-brasileiras: sincretismo, branqueamento, africanização. In: CAROSO; BACE-LAR, op. cit., pp. 93-111 (aqui: pp. 105-106).

movimento de reafricanização assume o falso pressuposto da confusão entre catolicismo e tradições afro. "A identificação ambígua entre santos e orixás (...) existe mais na cabeça de intelectuais que falam do povo do que nas práticas populares." Por conseguinte, a campanha de combate ao sincretismo "reflete mentalidade autoritária e inquisitorial de segmentos intelectuais excessivamente preocupados com pureza teórica e com rigor teológico". Pois, afinal, "toda religião, como toda cultura, constitui fenômeno vivo, dinâmico, contraditório, que não pode ser enclausurado numa visão única, cartesiana, intelectualizada, petrificadora e empobrecedora da realidade".[16]

Ferretti também está atento aos novos movimentos no interior do catolicismo. Líderes católicos, diz ele, que no passado criticavam e perseguiam o sincretismo, hoje tentam purificá-lo e compreendê-lo sob o novo termo de inculturação. A militância negra católica parece ser disso um exemplo. Para o autor, tudo não passa de estratégia para enfrentar a redução do rebanho católico pela concorrência de outras práticas religiosas.[17]

Não é tão óbvio, porém, que isso explique tudo. Certamente, há alguma verdade aí, mas seria banalizar demais o caminho encetado, a duras penas, por setores católicos mais progressistas, entre eles justamente o

---

[16] Cf. FERRETTI, S. Sincretismo afro-brasileiro e resistência cultural. In: CAROSO, C.; BACELAR, J., op. cit., pp. 113-130 (aqui: pp. 116 e 119). Mas Ferretti também registra uma tendência favorável aos estudos sobre o sincretismo em autores como R. Ortiz, R. Motta, A. Vergolino-Henry, O. Serra e outros.

[17] Ibidem, p. 115.

movimento dos Agentes de Pastoral Negros (APNs).[18] Os APNs reivindicam, desde seus primórdios na década de 1980, certa autonomia em relação à hierarquia católica, aos partidos políticos e a outras ramificações do Movimento Negro. Tencionam, assim, aumentar seu poder de penetração e mobilização na comunidade negra. Eis por que não aceitaram, a princípio, a criação de nada semelhante a uma Comissão Pastoral Negra, sob jurisdição da Conferência Nacional dos Bispos (católicos romanos) do Brasil (CNBB).

A maioria católica dos APNs tem por bandeira o resgate das tradições negras, a reafirmação de sua identidade cultural. E aqui, inevitavelmente, emerge a questão de como lidar com o sincretismo de fato, ou a dupla vivência religiosa, dos membros da comunidade afro-brasileira. Até que ponto um militante católico permite-se avançar na busca de suas autênticas raízes africanas? É possível ser, ao mesmo tempo, uma pessoa consciente de sua negritude e um fiel católico?

A nascente teologia cristã afro-brasileira das últimas duas décadas elegeu como um de seus temas principais o ecumenismo e o macroecumenismo (ecumenismo integral) na perspectiva afro.[19] Entretanto, seus

---

[18] O I Encontro Nacional dos Agentes de Pastoral Negros ocorreu em São Paulo, em setembro de 1983. O II e o III, em maio e setembro de 1984.

[19] SILVA, A. A. da. Elementos e pressupostos da reflexão teológica a partir das comunidades negras – Brasil. In: ATABAQUE-ASETT. *Teologia afro-americana*; II Consulta Ecumênica de Teologia e Culturas Afro-Americana e Caribenha. São Paulo: Paulus, 1997. pp. 49-72 (aqui: p. 65).

autores mais representativos preferiram direcionar a reflexão para a categoria aparentemente mais consensual da "inculturação".[20]

Tudo leva a deduzir que, no que diz respeito a fenômenos como a Igreja espiritualista de Padre Lima/pai Simbá, a reflexão teológica dos APNs passou os últimos vinte anos equilibrando-se numa "dialética de Calcedônia",[21] contentando-se com distinguir os extremismos a serem evitados, sem desdobrar concreta e articuladamente os passos e procedimentos do processo.[22] Isso

---

[20] Questão muito distinta é posta em jogo quando os sujeitos que dialogam vão se tornando mais plurais em suas procedências e pertenças. Caso exemplar é a obra coletiva patrocinada pela Faculdade de Teologia com Ênfase em Religiões Afro-brasileiras (FTU). Aqui são os membros das religiões afro-brasileiras que, falando como povo de santo e em relação isonômica com as demais religiões, discutem a realidade viva dos terreiros em diálogo com estudiosos e teólogos de outras tradições. Cf.: OLIVEIRA, I. D.; RIVAS, M. E.; JORGE, É. (org.). *Teologia afro-brasileira*. São Paulo: Arché, 2014.

[21] Tomo emprestada a expressão usada por C. Boff para criticar o idealismo da cristologia clássica (cf. BOFF, Cl. *Teologia e prática*; teologia do político e suas mediações. 3. ed. Petrópolis: Vozes, 1993. passim).

[22] Entretanto, a preocupação mais recente de setores dos APNs, como é o caso, por exemplo, do Centro Atabaque de Cultura, está-se encaminhando na direção deste enfrentamento teórico: que métodos e epistemologias estão conduzindo a práxis das comunidades negras? É o que venho constatando ao participar dos seguintes Seminários-Oficina: Bíblia e negritude (promoção Cebi-Atabaque, Guarulhos, 12-14/set./1993); Metodologia e formação nos movimentos Populares (COM-Atabaque, São Paulo, 27-30/jul./98); Metodologias como desafios interdisciplinares em contextos afro-brasileiros (Atabaque, São Paulo, 16-18/dez./99); Metodologia: negritude e processos educacionais (Atabaque, São Paulo, 15-17/nov./2001), bem como na III Consulta Ecumênica Afro-americana e Caribenha de Teologia e Culturas (Atabaque, 20-24/out./2003).

pode estar por trás das ambiguidades encontradas no discurso dos Agentes Católicos da Pastoral Negra (APNs) acerca do sincretismo. A esse respeito, Pierre Sanchis já identificara, há algum tempo, ao menos oito posições fundamentais entre os APNs.[23]

Para Sanchis, permanece entre os APNs a visão tradicional do sincretismo como mistura, confusão, fruto da ignorância, embora se demonstre certa simpatia pelas pessoas envolvidas. Mas há também quem não só rejeite a legitimidade programática do sincretismo como também se recuse a qualificar nesses termos a realidade popular em que estão imersos. Para estes, o povo não faz confusão. A dupla vivência, por exemplo, não é sincretismo, mas antes "ecumenismo popular".[24]

Todavia, como também admite Sanchis, não é rígida a aplicação desse recorte. Alguns APNs rejeitam o sincretismo como programa, mas reconhecem sua realidade e a necessidade de levá-lo em conta na prática e na pastoral popular. Procuram, então, legitimar o

---

[23] Cf. SANCHIS, P. Sincretismo e pastoral. In: CAROSO; BACELAR, op. cit., pp. 171-210 (para os oito tipos ideais, cf. pp. 178-202). O autor deixa claro, porém, que "não se trata de retratos inteiros" e sim "de tipos ideais de atitudes, efetivamente mesclados na realidade" (p. 188).

[24] Constato ser essa posição muito comum entre as lideranças. Na opinião de H. Frisotti, por exemplo, o diálogo com as religiões afro-brasileiras deve ser feito de acordo com o conceito de "macroecumenismo", proposto na Assembleia do Povo de Deus em Quito (1992), para superar os limites impostos pelos termos ecumenismo (restrito às Igrejas cristãs) e diálogo inter-religioso (que não chega a expressar sempre a necessidade de uma prática comum pela paz e pela justiça). Cf. FRISOTTI, H. *Passos no diálogo*; Igreja Católica e religiões afro-brasileiras. São Paulo: Paulus, 1996. p. 56.

fenômeno reservando-lhe um limitado espaço no campo da cultura. Assim, é possível assumir sinceramente a fé católica ao mesmo tempo em que se valoriza a cultura afro em suas mais variadas expressões. Todavia, é muito difícil discernir, nos casos elencados por Sanchis, onde termina a ambivalência e começa a ambiguidade. Uma de suas entrevistadas – militante negra, ex-católica e ex--APN, convertida ao candomblé – afirma que tentativas como as do Padre François de L'Espinay, que tentou unir sua identidade presbiteral católica com a iniciação num terreiro baiano como ministro de Xangô, é excepcional e "praticamente impossível de ser sustentada durante muito tempo, nem que seja por motivos práticos".[25]

Isso explica o fato – que não vejo, ao contrário de Sanchis, como uma nova posição — de alguns APNs até gostarem de tirar o sincretismo de suas preocupações, investindo mais nas categorias inculturação e macroe-cumenismo, mas terem de reconhecer que aquele segue presente na realidade popular e vai-se insinuando até mesmo na pastoral dos negros ou na ação dos APNs. Suas dúvidas dizem respeito ao uso meramente folcló-rico de símbolos do candomblé no rito católico e às crí-ticas recebidas, que condenam certa "captação imperia-lista" da Igreja.

Sanchis observa que a própria insistência na ques-tão cultural leva os militantes a descobrir nas religiões afro a tradição de seu povo. Isso impede uma nítida dis-tinção entre cultura e religião, fazendo com que o tema

---

[25] SANCHIS, P., art. cit., p. 186.

da inculturação volte a confinar com o do sincretismo.[26] Uma saída invocada por alguns agentes é a categoria espiritualidade, que facilitaria o encontro entre a ética cristã e a ancestralidade no candomblé. Ao manifestar, por meio dela, seus sentimentos (numa missa afro, por exemplo), os participantes abrem um espaço simbólico polivalente em que, na interpretação de Sanchis, culto e cultura se unem, finalmente.

Há também os que utilizam eventualmente a categoria sincretismo sem mais problematizá-la, colocando--a no arco mais amplo do macroecumenismo. É o sentido que parece ter esta asserção de P. Suess, conhecido pastoralista dedicado à pastoral das nações indígenas: "Todos somos politeístas, de certa maneira (...) Se realmente vamos ao fundo, todos somos sincretistas. Isso é bom: quanto mais ampliamos nossa tenda, mais energia divina somos capazes de captar com nossas antenas". Tal atitude finda por desembocar em certa apologia do sincretismo do ponto de vista epistemológico e cristão. E o próprio Suess é retomado como exemplo:

> A dupla pertença deve interpretar-se dentro da identidade brasileira. Quem conhece o caboclo ribeirinho aprendeu a decodificar um "sim" que significa um "não", um "não" que equivale a um "sim".

---

[26] Resultado: "um macroecumenismo de aproximação e respeito do outro naturalmente tende a metamorfosear este outro numa nova versão de si próprio. Se eu sou negro e se, na cultura que é dos meus ancestrais, está embutida uma determinada cosmovisão, como poderia esta – e a religião que a expressa – ser para mim simplesmente a do outro? No entanto, a história me fez cristão. E sou cristão!" (ibidem, p. 186).

> Compreender a identidade não como algo exclusivo: "A" não pode ser "B"? Sim! "A" pode ser "A" e pode ser um pouco "B" também. Para nós é quase impossível pensar assim, mas de fato sempre estamos frente a esta realidade de uma identidade não exclusiva, que, eu diria, é muito mais cristã. "Ou você é cristão, ou não é"... Não! Eu sou cristão e mais alguma coisa.[27]

Há ainda, na lista de Sanchis, os APNs que se encaixam num "sincretismo indefinido" ou "envergonhado". E, por último, os que, embora sem explicitar o tema em questão, "em nome do macroecumenismo, mantêm presente e viva no grupo essa problemática, porque adotam um elenco de comportamentos, atitudes e representações que continua, para outros, a fazer problema nos termos tradicionais do sincretismo".[28] Outra modalidade possível dessa mesma atitude seria, segundo o autor, afirmar uma espécie de sincretismo que "não passa pela fé, nem pela adesão concomitante a uma cosmovisão alternativa", mas "pela experiência religiosa enquanto tal, e [pelo] Deus que essa experiência conota".[29]

---

[27] Ibidem, p. 195.

[28] Ibidem, p. 197. Entrevistando grupos de APNs da região metropolitana de Belo Horizonte, Sanchis constata que 20,8% das pessoas assumem a dupla pertença religiosa; destas, 50% têm o catolicismo como sua segunda religião. Em várias dessas, o contato com o candomblé deu-se ou aprofundou-se a partir da militância nos APNs. Entretanto, a situação é polêmica: 47,2% dos APNs entrevistados acham que a dupla pertença "distancia mais esta pessoa da verdadeira religião", enquanto outros 40,4% a veem como "fato natural que não compromete a pessoa"; pois, "se não faz necessariamente bem, pelo menos não faz mal" (ibidem, p. 198).

[29] Ibidem, p. 200.

Como se pode constatar, embora haja matizes, o constrangimento católico diante do sincretismo é evidente.[30] E inovações como as de Padre Lima/pai Simbá terminam por dar argumentos àqueles que se refugiam no retrocesso e no conservadorismo. Todavia, os titubeios conceituais verificados entre os APNs, e mesmo entre sua assessoria teológica, são perfeitamente compreensíveis. De fato, a perspectiva em que se colocam para pensar mais adequadamente suas genuínas experiências de fé é muito nova. Afinal, além do tradicional e popular sincretismo afro-católico resultante do passado escravagista, temos hoje o sincretismo ou volta do militante cristão a suas origens africanas e, mais recentemente, o sincretismo de lideranças iniciadas na religião dos orixás, ou em uma de suas variáveis, que se reaproximam do catolicismo em busca de certa complementaridade ético-espiritual.

Padre Lima é um exemplo típico desse neossincretismo que ronda as fronteiras cristãs. Não há dúvida de que temos aqui a matriz afro inreligionando elementos cristãos.[31] Perguntado sobre sua religião, Lima expli-

---

[30] Um exemplo muito recente vem da Conferência Nacional dos Bispos (CNBB). Sua conhecida "Coleção de Estudos" lançou o 85º volume, versando justamente sobre a Pastoral Afro-Brasileira (PAB). O texto é resultado de quatro anos de pesquisas e acaloradas discussões entre membros da própria pastoral e pretende "proporcionar conhecimentos a respeito da PAB" (p. 13). Entretanto, é impressionante que a palavra sincretismo não seja mencionada uma vez sequer, nem mesmo ao traçar um sucinto histórico da presença negra nas Américas.

[31] Uma sucinta e didática apresentação das principais características das religiões afro-brasileiras, e que, em geral, as distinguem do cristianismo, pode ser encontrada em: FERRETTI, S. Religiões afro-brasileiras e pentecostalismo no fenômeno urbano, art. cit., pp. 109-126.

ca: "Hoje, a minha religião, veja bem, eu fui batizado, eu sou católico. Eu nunca fui para uma Igreja presbiteriana, nada, eu sou católico. Só que trabalho com uma opção espiritual. Por quê? Porque a mediunidade é um dom que você, muita gente não quer. Eu não queria estar aqui".[32] Como se vê, esse último caso parece ser o que mais desafia a hierarquia católica, embora seja – e talvez por isso mesmo – o que menos se interesse pelas opiniões teológicas a seu respeito.

As lições de pai Simbá

Após esse breve rastreio das atitudes católicas perante o sincretismo, parece haver consenso ao menos em um ponto: é razoavelmente fácil para um teólogo cristão admitir misturas e hibridismos ao longo da história do cristianismo; mas é bastante improvável que ele aceite os sincretismos do presente. Em primeiro lugar, porque não há acordo nem mesmo quanto à noção de sincretismo. Por isso, tenho me servido da proposta de S. Ferretti, que nos oferece um gradiente com três variantes dos principais significados do conceito. Partindo de um hipotético caso zero de separação ou não sincretismo, chega ao nível três, da convergência ou adaptação, passando por dois níveis intermediários: a mistura, junção, ou fusão (nível um) e o paralelismo ou justaposição (nível dois). Desse modo, Ferretti pode tecer as seguintes distinções:

---

[32]   RECTOR, M. A. F. op. cit., p. 27.

> (...) existe *convergência* entre ideias africanas e de outras religiões, sobre a concepção de Deus ou sobre o conceito de reencarnação; (...) existe *paralelismo* nas relações entre orixás e santos católicos; (...) *mistura* na observação de certos rituais pelo povo de santo, como o batismo e a missa de sétimo dia, e (...) *separação* em rituais específicos de terreiros, como no tambor de choro ou axexê, no arrambam ou no lorogum, que são diferentes dos rituais das outras religiões.[33]

Testando essa formulação na prática da comunidade espiritualista de pai Simbá/Padre Lima, poderíamos inferir que tais gradações também são ali identificáveis. Assim, há *convergência* entre os ideais de caridade e moralidade que norteiam cristianismo, tradições africanas e espiritismo. Mas também há evidentes *misturas* quando se rezam Pais-Nossos e Ave-Marias ou se leem trechos dos evangelhos durante os ritos umbandistas, ou quando a assim chamada "missa do Padre Gregório" é conduzida por um médium em transe que, nesse estado, faz a homilia e preside o momento da consagração no rito católico. Há *paralelismo* na *justaposição* de duas funções religiosas muito distintas, o padre e o zelador de santo, numa mesma pessoa física. Mantém-se, contudo,

---

[33] Ibidem, p. 91. O autor adverte, porém, que "nem todas essas dimensões ou sentidos de sincretismo estão sempre presentes, sendo necessário identificá-los em cada circunstância. Numa mesma casa e em diferentes momentos rituais, podemos encontrar assim separações, misturas, paralelismos e convergências" (ibidem). Ademais, convém anotar que, ao contrário de S. Ferretti, alguns autores consideram essas religiões de matrizes africanas como politeístas (por exemplo: AUGRAS, M. *O duplo e a metamorfose*; a identidade mítica em comunidades nagô. Petrópolis: Vozes, 1983), o que matizaria o exemplo de convergência oferecido.

a *separação* nas funções exercidas pelo próprio José Carlos de Lima: ora padre, nas missas do primeiro sábado do mês, ora zelador de santo, nas sessões mediúnicas das quintas-feiras. Pai Simbá não preside a missa nem distribui a comunhão; Padre Lima, por sua vez, não dá passes. A *separação* também pode ser notada, a começar pela manutenção de dias e horários distintos para as diferentes práticas da comunidade. Afora a concessão espírita na citada missa, os demais ritos seguem de perto o ritual do catolicismo tradicional. Assim, mantém-se o dito dos anciãos do candomblé baiano: catolicismo e tradição dos orixás são como água e óleo, não se misturam.

Se entendidas nesses termos, não creio que as experiências sincréticas constatáveis no dia a dia impliquem (ou precisem implicar) o recrudescimento de posições rígidas e pré-modernas no seio do cristianismo. Também não é o caso de vislumbrar, a partir de exemplos e situações como os representados pela comunidade espiritual de pai Simbá/Padre Lima, que o próximo passo da instituição católico-romana consistirá numa refundição dogmática *ad intra*. Tal não parece factível, muito menos necessária.

No entanto, o estudioso das religiões tem ainda um vasto campo a pesquisar, na medida em que se dispuser a cotejar o que está implicado na teologia cristã da revelação com a experiência sincrética popular e com as iniciativas de inreligionação que partem, ora de lideranças cristãs, ora de lideranças de outras tradições espirituais. Sua primeira lição de casa (desafio) consiste em checar o seguinte lugar-comum, dado como certo pela teologia ocidental: o cristianismo ou, quem sabe, sua intuição primeva, embora apresente óbvias continuidades com respeito a tradições anteriores (o legado judeu, o zoroastrismo, o monoteísmo filosófico grego, a *religio* romana), sempre teve e continuará tendo sua cota de singularidade, seu quê de anomalia na história das religiões (para não dizer da ciência). Blasfemo para judeus ao equiparar Jesus a Javé, politeísta para muçulmanos, e divertido (meio estúpido, até) para filósofos gregos dos Areópagos de ontem e de hoje.

Segunda lição: a religião popular é outra coisa, vai mudando de nome como lhe convém e segue tentando diminuir os sofrimentos cotidianos dessa vida.[34] Volta e meia, ela flerta, por exemplo, com a tradição cristã, pega carona, descola um abrigo, pede uns trocados... Ela "fica", como se diz hoje entre a garotada, mas não quer noivado nem casamento com a ortodoxia cristã (às vezes, até dá casamento, porque o pai da noiva obriga, nada mais!).

Terceira lição: uma religião em condições de comandar a "transformação social" – com os devidos matizes que a expressão exige – continua sendo um sonho generoso e às vezes pueril, mas a "força histórica dos pobres" – na bela expressão cunhada por G. Gutiérrez

---

[34] Como afirmou Durkheim, "a verdadeira função da religião não é nos fazer pensar, enriquecer nosso conhecimento, acrescentar às representações que devemos à ciência representações de uma outra origem e de um outro caráter, mas sim nos fazer agir, nos ajudar a viver. O fiel que se pôs em contato com seu deus não é apenas um homem que percebe verdades novas que o descrente ignora; é um homem que pode mais. Ele sente em si mais força, seja para suportar as dificuldades da existência, seja para vencê-las" (DURKHEIM, É. *As formas elementares da vida religiosa*. São Paulo: Paulus, 1984. p. 459.).

(e criticada como ingênua por J. L. Segundo) – não aparece lá onde a teologia da libertação pensava encontrá-la. Ou, ao menos, não é somente e nem sempre que ali se encontra essa ansiada força. Assim, a sobrevivência do catolicismo popular em iniciativas como a de Padre Lima ou no atual *boom* neopentecostal também demonstra certa força ecológica das camadas mais pobres, que relutam em jogar fora parâmetros oriundos de seu imaginário milenar.

No entanto, e esta é a quarta consideração, toda essa vertente generosa que nas últimas décadas foi denominada teologia da libertação deita raízes no que outrora já se chamara Evangelho social, *charitas cristiana*, seguimento de Jesus, comunidades itinerantes de refeição compartilhada (J.-D. Crossan), movimento profético de Jesus e religião ética do Antigo Israel. Esta será sempre um veio débil, minoritário, sem apelo para as massas. Contudo, esse veio precisa e vai ficar por aí, no entorno, às margens, incomodando, sugerindo, guardando lugar, sempre pronto para soprar a notícia de que, se um dia quisermos, outro mundo também é possível fazer aqui.

Seja como for, isso pouco importa ao fiel rebanho de nosso original Padre Lima ou pai Simbá. Totalmente sintonizado com o espírito religioso pós-moderno,[35]

---

[35] Entendo esse espírito pós-moderno no sentido apontado por S. Charles de estarmos vivendo "o momento histórico preciso em que todos os freios institucionais que se opunham à emancipação individual se esboroam e desaparecem, dando lugar à manifestação dos desejos subjetivos, da realização individual, do amor-próprio" (CHARLES, S. O individualismo paradoxal: introdução ao pensamento de Gilles Lipovetsky. In: LIPOVETSKY, G. *Os tempos hipermodernos*. 3. reimpr. São Paulo: Barcarolla, 2007. p. 23).

ele sabe por intuição que uma das virtudes da democracia ocidental é possibilitar aos cidadãos amplo acesso às mais variadas experiências de sentido, sejam elas pré-modernas ou *hemidernas*.[36] Contudo, sua iniciativa – segundo consta, referendada pela alma de Padre Gregório – ofereceu-nos a ocasião para entrar em um novo patamar de reflexão. A presença de seu templo/igreja/ terreiro *sui generis* no coração de uma metrópole como São Paulo enseja-nos a investigar a "nova catolicidade" que se vai configurando em nossos aglomerados urbanos, sugerindo o hibridismo como categoria compreensiva de outras identidades e processos religiosos.

O sincretismo em andamento em nossas metrópoles consiste em autêntico microcosmo dos desdobramentos do fenômeno religioso na modernidade. O catolicismo – uma religião milenarmente sincrética – é um alvo típico dessa tensão entre a cosmovisão mítica e a exigência moderna. Copiado por seus fãs (umbanda, espiritismo) e por seus detratores (Igreja Universal do Reino de Deus e alguns grupamentos neopentecostais), dele resultam variáveis como esta da comunidade religiosa liderada

---

[36] Aludo aqui à abordagem de Cristián Parker, para quem a lógica latino-americana da religião é uma lógica "hemiderna", pois, a religião popular não é nem pré-lógica, como queria Lévy-Bruhl, nem inteiramente pré, pós ou antimoderna. Visando ultrapassar o enfoque racionalista e funcional com que a religião era tratada em meios liberacionistas, Parker lê na religião popular uma forma de articulação ou combinação dos elementos que "é sincrética e, no contexto latino-americano, hemiderna", contrapondo-se, com sua "lógica da vida, da emotividade, da simultaneidade do simbólico e do sensível", à lógica da modernização capitalista (PARKER, C. *Religião popular e modernização capitalista*; outra lógica na América Latina. Petrópolis: Vozes, 1996. pp. 324 e 328, respectivamente).

por pai Simbá. Totalmente imunes à jurisdição romana, são, porém, sequiosas de também sorverem de seu poço milenar. De um lado, um "sentimento católico"[37] que sobrevive à margem do catolicismo oficial e, de outro, a assimilação pelo catolicismo de elementos "estranhos" à doutrina oficial. Uma atitude hemiderna, autêntico laboratório afro-indígena-lusitano, que, cedo ou tarde, deverá ser olhada com muito mais atenção pela teologia e pela pastoral cristãs.

Teologia afro-brasileira e teologia do sincretismo

O pressuposto de todo este capítulo e de boa parte deste livro é que estejamos pesquisando as variáveis da pluralidade religiosa sempre supondo o cristianismo como interlocutor e principal interessado em descobrir como dialogar melhor. Mas na verdade é preciso que nos perguntemos sobre quem representa hoje uma reflexão teológica legitimamente afro-brasileira. O caminho, é claro, não pode ser trilhado sem tropeçar em inevitáveis ambiguidades que brotam, a maioria, dos próprios limites da terminologia que somos obrigados a usar. Por exemplo, é melhor falar de Teologia (singular) ou Teologias (sempre plurais) das Religiões Afro-brasileiras? Se é verdade que a teologia afro-brasileira abre nova possibilidade epistemológica no campo teológico, esta se constitui por meio [a partir] da oralidade. Como é possível,

---

[37] PERNIOLA, M. *Del sentire cattolico*; la forma culturale di una religione universale. Bologna: Il Mulino, 2001.

então, abrir mão do que foi/já está historicamente consolidado na forma de textos sagrados e de personagens paradigmáticas (profetas, místicos, sábios, comunidades orantes, mártires)?

Certamente não conseguiremos neste espaço dar conta de apresentar todas as possibilidades desta nova teologia, suas dificuldades e os embates que terá de enfrentar daqui para a frente, quando começar a se comparar ou a ser comparada com outras teologias já estabelecidas. Porém, já é possível levantar algumas questões que não podem ser menosprezadas, além de sugerir alguns caminhos que poderão ser testados.

Que vem a ser teologia afro-brasileira?

Estamos às voltas com outro termo sujeito a mal-entendidos. Há pouco tempo fui convidado a palpitar em um simpósio que tinha como título "Projeto de construção epistemológica de uma teologia afro-americana brasileira".[38] Seu escopo era calibrar um "olhar propositivo" para "sistematizar teologicamente os conteúdos temáticos advindos das práticas religiosas e vivências das comunidades afro". Longe de ter um viés erudito, seu compromisso assumido é a "defesa de uma educação teológica comprometida com as realidades das comunidades afro-brasileira e afro-americana". Em minha fala, ousei levantar alguns temas e perspectivas que, a meu ver, não podem ser subestimados nesse momento

---

[38] Trata-se de um projeto liderado pela ASETT (Associação Ecumênica de Teólogos/as do Terceiro Mundo), basicamente de origem cristã.

de construção e sistematização de saberes, pois, afinal, não é tão óbvio o discernimento sobre o que é e o que poderia vir a ser uma teologia afro-brasileira. Está implícito nesse projeto que ela seria uma teologia *cristã*? Numa retrospectiva histórica até se poderia dizer que, até hoje, se teologia houve, ela sempre foi cristã na forma (ainda que, muitas vezes, pecadora e antievangélica). Mas... e daqui para a frente?

A pergunta não é pedante, uma vez que, desde 2004, já está constituída a Sociedade Afro-Brasileira de Estudos Teológicos e Filosóficos das Culturas Negras (Egbé Orun Aiyé). Essa Sociedade, juntamente com a ATRAI (Associação Nacional de Teólogos e Teólogas da Religião de Matriz Africana e Indígena), "conscientes de que a luta epistemológica e capacitação do povo de terreiro devem ser constantes e cada vez mais qualificadas", formalizaram em 2011 a criação da ESTAF (Escola Olódùmarè de Educação Teológica e Afro-Umbandista).[39] Seu escopo é oferecer "um curso oficial de Teologia Afro com a finalidade de formar teólogos e teólogas especializados nas religiões de matriz afrodescendente". Além disso, já é uma realidade em São Paulo, com vários alunos já formados, a FTU – Faculdade de Teologia Umbandista, primeira faculdade brasileira de teologia umbandista, que oferece um curso regular de Teologia, credenciado pelo MEC.

Portanto, uma teologia afro-brasileira e afro-americana será aquela que construirá um discurso formalmente

---

[39]   Cf.: <http://atraibr.org/>, especialmente: <http://atraibr.org/cursos/>.

teológico e julgará a realidade à luz da mediação dos evangelhos? Ou se contentará com reconhecer as vivências reais do cotidiano das comunidades negras e estudará sua lógica interna, identificando tão somente a(s) teologia(s) subjacente(s) a essas vivências?

No livro *O sabor da festa que renasce*, Marcelo Barros fala de "mosaicos para a construção de teologias afrolatíndias". E seguindo a tipologia que Achiel Peelman[40] cunhou para os nativos norte-americanos, descreve quatro tipos de respostas positivas dos ameríndios com relação ao cristianismo: a *aceitação dupla*[41] (a pessoa é socialmente cristã, mas cultiva interiormente outra espiritualidade); o *dimorfismo religioso* (a pessoa vive simultaneamente duas religiões, na medida em que cada uma responde a uma necessidade distinta); o *sincretismo* propriamente dito (a vivência dos dois sistemas religiosos é tão intensa que os símbolos de um recebem significados do outro); a *conversão* de uma religião à outra.

Essas aproximações plurais entre a rica tradição afro, permeada de contribuições indígenas americanas, vão gerar múltiplas teologias afrodescendentes no Brasil. Aos poucos, "o próprio povo do santo começa a se expressar", e seus escritos vêm embebidos de "uma teologia narrativa, muito diversificada", por exemplo: "uma teologia da umbanda, uma teologia do candomblé de tradição angolana e outra que trata da tradição queto,

---

[40]   PEELMAN, Achiel. *Christ is a Native American*. Maryknoll: Orbis, 1995.

[41]   BARROS, M. *O sabor da festa que renasce*; para uma teologia afrolatíndia. São Paulo: Paulinas, 2009. pp. 23ss.

ioruba e assim por diante".[42] E isso começa a suscitar algumas questões comuns. Evidentemente, do ponto de vista das várias religiões de matriz africana, os problemas serão distintos ou nem serão problemas. Mas da perspectiva de uma teologia que ainda se pretenda cristã, não podem ser dribladas questões como estas: Como ligar esta experiência cultural e religiosa afro com a fé cristã? À luz da revelação bíblica, como interpretar a experiência das pessoas que vivem a fé cristã unida à sua tradição espiritual afrodescendente? Que contribuição e enriquecimento a compreensão religiosa e espiritual das religiões afros pode trazer à teologia e à mística cristã?

O viés de Marcelo Barros – ele mesmo monge católico e iniciado na tradição dos orixás – supõe ser pertinente a construção de teologias cristãs afrolatíndias,[43] desde que nos disponhamos a aprender das raízes plurais das teologias afrodescendentes,[44] cujo contexto cultural e histórico[45] ajuda a perceber o que constitui a nova teologia afrolatíndia em sua pluralidade.[46] Barros

---

[42] Ibidem, p. 43. Barros cita também: MESTRE OBASHANAN. *Teologia umbandista*; do movimento à conversão; MESTRE ARAMATY. *Teologia umbandista*; cosmologia física da alma; COSTA, José Rodrigues da. *Candomblé de Angola*. Para a teologia do candomblé, Barros indica os livros de mãe Stella de Oxóssi: *Meu tempo é agora*; *Lineamento da religião dos orixás*; memórias da ternura; e *Oxóssi, o caçador de alegrias*. E os livros de Cléo Martins, que, além de ter formação em teologia cristã, é Agbeni de Xangô do Axé Opô Afonjá: *Obá, a amazona belicosa*; e *Nanã, a senhora dos primórdios*.

[43] Ibidem, pp. 45-48.

[44] Ibidem, pp. 49-50.

[45] Ibidem, pp. 51-55.

[46] Ibidem, pp. 56-58.

propõe, nessa direção, uma classificação que, segundo seu parecer, pode nos ajudar a compreender a pluralidade teológica das vivências afrolatíndias de hoje, a saber: uma teologia afrolatíndia da história; uma teologia afrolatíndia das religiões negras; uma teologia afrolatíndia do cristianismo; uma teologia afrolatíndia sobre um determinado problema ou tema da sociedade.[47]

Não é preciso avançar mais nessa direção. Apenas quis mostrar que trilhamos um terreno minado na disputa pela expressão "teologia afro-brasileira". Mas, ao mesmo tempo, entendo ser salutar que esses vieses se conheçam e entrem em diálogo, em vista de uma ampliação do conhecimento acerca do pensamento espiritual afrodescendente.

---

[47] Ibidem, pp. 59-63.

Capítulo 4

A teologia interconfessional entre o sincretismo e a tradição

Neste livro pretendi apresentar, da maneira mais sucinta possível, os recursos do pensamento cristão para reconhecer o valor teológico do sincretismo religioso, inserindo-o na dinâmica daquilo que a teologia costuma entender por revelação. Se tentarmos nos colocar como *insiders* na tradição cristã, seria possível lá identificar o sincretismo como parte irrecusável da história dos encontros e desencontros entre o que é captado como divino e o que é admitido como humano, colhidos em seu "durante", e que, justamente por isso, escapam de definições e/ou inferências cabais. O sincretismo, por definição, atravessa as fronteiras institucionais. Quer a religião considere Deus evidente, misterioso ou simplesmente problemático, não há outra maneira de a pessoa ou a comunidade a ele aceder senão em porções fragmentares.

À guisa de síntese dos passos anteriores, reproponho neste capítulo final, em forma de pequenas teses, a sugestão de que nada impede que processos de sincretização sejam acolhidos, no âmbito da cosmovisão cristã, como a revelação de seu Deus em ato, ou seja como aquilo que vai acontecendo quando se processa paulatinamente, entre avanços e retrocessos, luzes e penumbra, o mergulho do *homo religiosus* no Mistério. Imaginá-lo de outro modo é simplesmente negar que possa ser humano e histórico esse encontro com o divino admitido pelas religiões. A teologia do sincretismo, em sintonia com a teologia negra, a teologia índia e as várias teologias que partem da experiência autóctone, parece, portanto, confluir na direção de uma proposta pluralista que, no entanto, precisa ser examinada com o devido cuidado, pois nem tudo cabe numa sociedade em que todos cabem.[1] Há teólogos pluralistas que já começam a sugerir para essa nova configuração o nome de teologia multirreligiosa, *interfaith theology* ou teologia inter e até transconfessional.[2]

---

[1] A versão mais recente deste meu texto foi publicada em: SOARES, A. M. L. Syncrétisme et théologie interconfessionelle. In: MARTINEZ, L.; CARRASCO-PAREDES, N.; MATTHEY, J (éd.). *Chemins de la théologie chrétienne en Amérique Latine*. Paris: AFOM/Karthala, 2014. pp. 191-211. Há versão anterior em: SOARES, A. M. L. Valor teológico del sincretismo desde una perspectiva de teología pluralista, art. cit., pp. 77-91.

[2] Cf. o quinto volume da Coleção de Asett/Eatwot: *Por los muchos caminos de Dios*. Quito: Abya Yala, 2008.

Sincretismo como pluralismo em ato

O sincretismo faz parte das relações históricas entre as religiões. Até quem o rejeita, em geral o faz a partir de uma religião que também é, em alguma medida, sincrética.

Da pluralidade dos termos que disputam a atenção da teologia pluralista, nós já falamos logo no início deste livro. Mas a realidade mesma do sincretismo e da dupla vivência religiosa continua sendo um dos pontos mais delicados e controversos do cristianismo no diálogo inter e intrarreligioso. Tanto os teólogos católicos mais afinados com o paradigma romano quanto os mais sensibilizados pelas CEBs reconhecem a dificuldade doutrinal que representam as várias comunidades latino-americanas mergulhadas em um cristianismo popular que não abre mão de milenares tradições espirituais.

Ressalte-se, porém, que a vivência sincrética do cristianismo não é uma invenção de indígenas latino-americanos e afrodescendentes. Ocorre na história dos povos um autêntico jogo dialético em que, primeiramente, o povo vencedor tenta impor-se eliminando a religião do povo vencido (antítese); em seguida, o dominador acaba aceitando os elementos mais válidos ou mais fortes dos oprimidos (tolerância, coexistência pacífica); no final, chega-se a uma síntese. O cristianismo, por ser uma religião universalista, não se pôde subtrair ao sincretismo, já que chamou sobre si a responsabilidade de conter, em princípio, toda a pluralidade encontrável no gênero humano.

A atual hierarquia católica, embora com mais pudor, ainda reluta quanto à melhor maneira de lidar com a espiritualidade sincrética. No fundo, por uma questão de poder. Todavia, indiferentes à controvérsia, grandes segmentos da população de nossos países continuam cultuando seus deuses e observando alguns ritos cristãos, plenamente convencidos de que tais modos de compreender e praticar a religião são seguramente católicos. "Eu sou católica apostólica romana espiritista, graças a Deus", dizia-me certa vez uma ialorixá.

É certamente distinto abordar tais interações do ponto de vista da ciência da religião e do lugar da teologia. No entanto, os estudos culturais põem uma boa dose de realismo nas aferições teológicas quando mostram a falta de consenso para se estabelecer os critérios que definem uma tradução cultural ou um hibridismo incorreto. O conselho que nos vem desses estudiosos é ter a sensatez de levar em consideração as práticas sincréticas persistentes, sem deixar de pôr atenção nos pontos de vista da parte reclamante, a saber, aqueles que viram determinado item de seu sistema de crenças ser apropriado por outrem e não gostaram da adaptação.

Há sempre a saída, algo idealista, de alguns teólogos católicos que propõem que seja banido para sempre do mundo teológico o conceito de sincretismo, "pois um sincretismo correto e ortodoxo recebe hoje a denominação de inculturação, que não vem carregada por leituras negativas do passado como se dá com o termo sincretismo".[3] A questão é saber até que ponto determinada configuração religiosa pode avançar na segurança de estar

---

[3] Cf. MIRANDA, M. de F. *Inculturação da fé*; uma abordagem teológica. São Paulo: Loyola, 2003. pp. 107-127; aqui: p. 287.

em um sincretismo correto e ortodoxo. Será que todos os elementos de dada cultura ou religião são plenamente traduzíveis em outro código linguístico-dogmático?

Parece que não. Do ponto de vista de uma comunidade de adeptos religiosos, as variáveis sincréticas são justamente o rastro que vai ficando ao longo do caminho da acreditada autocomunicação de seu Deus na história. Uma teologia do sincretismo religioso dirá que é justamente porque sentem essa pressão reveladora do divino em suas vidas, mas não têm tempo e condições de calar sua resposta enquanto não conseguem elaborá-la cabalmente, que indivíduos e comunidades vão se arriscando, de tentativa em tentativa, a traduzir suas descobertas e experiências com a linguagem que têm à disposição.

Desafio à parte para teólogas e teólogos de uma instituição religiosa específica seria averiguar aquilo que em uma dada época, cultura ou região mais resiste a ser traduzido ou inreligionado em sua própria religião, e também aqueles elementos que inexoravelmente se vão perdendo no processo de tradução ou recriação da tradição.

O sincretismo mais se parece a uma constante antropológica e deve ser estudado com os melhores recursos da ciência, independentemente de nossos pressupostos axiológicos.

À revelia dos interditos teológico-eclesiais, o tema das bricolagens e hibridismos culturais seguiu seu caminho na literatura científica. Alguns o abordam a partir da teoria evolucionista; outros preconizam o culturalismo e veem-no como etapa que inclui conflitos, acomodação e assimilação rumo à desejada aculturação; outros ainda inauguram uma fase de explicações mais sociológicas, analisando a capacidade de o nativo "digerir" a seu modo a novidade alienígena; e assim por diante. O certo mesmo é que vão caindo, um a um, os mitos de outrora: a tese do sincretismo como máscara colonial para driblar a dominação; a hipótese do sincretismo como estratégia de resistência; a sinonímia com justaposição, colcha de retalhos, bricolagem (Lévi-Strauss) ou aglomerado indigesto (Gramsci), pois, não explicariam os casos em que a religião permanece como um todo integrado. Tem-se maior consciência do preço que pagaram certos conceitos por estarem atrelados a determinadas teorias. Ou, ainda, do reducionismo de ver o sincretismo num arco de bipolaridades do tipo pureza *versus* mistura, separação *versus* fusão etc.

Como vimos, pode ajudar-nos neste cipoal de terminologias e usos ideológicos a síntese proposta por Sérgio Ferretti, que inclui no guarda-chuva do sincretismo uma escala de zero a três, em que zero seria a hipotética separação entre duas religiões que jamais se tocaram, o nível um consistiria nas primeiras misturas, junções ou fusões inter-religiosas, o nível dois contemplaria a construção de paralelismos ou justaposições entre símbolos e signos religiosos, chegando-se, enfim, ao nível três, da convergência ou adaptação.

A questão, portanto, não é se são ou não sincréticas as pessoas e/ou suas religiões – uma atenta resenha dos bons estudos culturais disponíveis demonstra inequivocamente que, mais ou menos, todas são –, mas até que ponto da estrada elas querem ou aguentam ir nesse intercâmbio, sem prejuízo daquilo que os fiéis entendem ser a inspiração original de suas tradições religiosas. Chamemos essa tradução de inculturação ou de "sincretismo ortodoxo", como querem os teólogos católicos mais conservadores, o importante é ir aprendendo a detectar nesse processo de empréstimos quando o mesmo é comandado por delimitações fora das quais já não se percebe nenhum *continuum* com a tradição de origem.

O sincretismo é, antes de tudo, uma prática que antecede nossas opções teóricas e bandeiras ideológicas.

Este livro pretendeu tão somente trazer à luz experiências que, porventura, ainda se sujeitem às catacumbas religiosas. Como cientista da religião, estou longe de lançar campanha em prol da sincretização ampla, geral e irrestrita de todas as religiões. Trata-se, em vez, de reconhecer o sincretismo *de fato*, para depois perguntar às teólogas e teólogos das respectivas tradições envolvidas nesses intercâmbios o que poderiam aprender desse dado real. Portanto, não se trata de obrigar alguém a participar de tais experiências nem, de outra parte, de levá-lo a escondê-las por medo de represálias. No entanto, como se viu nos capítulos anteriores ao focarmos a *membresia* cristã, ambos os extremos às vezes são detectados naquela religião, o que a faz oscilar entre a tolerância prática em nome da caridade e o repúdio oficial.[4]

A bem da verdade, nem sempre é fácil explicar o que move um processo de doação e recepção de valores e objetos culturais, que critérios presidem tais escolhas

---

[4]   Cf., por exemplo: SOARES, A. M. L. *Interfaces da revelação*; pressupostos para uma teologia do sincretismo religioso. São Paulo: Paulinas, 2003. pp. 59-69; 72-91.

e quais sujeitos conduzem, se é que conduzem, essas reconfigurações e reordenações. Os estudos culturais se servem de vários conceitos a fim de não reduzir a complexidade de tal comércio de bens simbólicos. Falam de apropriação ou tradução cultural para destacar o papel do agente humano, mas preferem hibridismo ou crioulização para mostrar que, muitas vezes, as modificações resultantes naquela cultura ou religião ocorrem sem que os agentes envolvidos tenham consciência.[5]

De outro lado, seria ingênuo desconsiderar que muito das práticas sincréticas vividas por nossa gente são fruto da maneira violenta com que o cristianismo se impôs, dentro e fora da Europa, só restando às pessoas hábitos enviesados, camuflados e fragmentares de suas tradições. Por isso, são alvissareiros os movimentos hodiernos de retomada dessas tradições ancestrais, que evitam "pagar pedágio" a rituais cristãos/católicos. A seu modo, recolocam as tradições autóctones e as transplantadas em pé de igualdade diante da herança cristã, com o mesmo direito de existência e expressão. Mas nem por isso a rejeição ao sincretismo implica repudiar o catolicismo. Como vimos no capítulo três, para as lideranças de religiões afro-brasileiras, por exemplo, basta que o iniciado tenha na conta que orixás e santos católicos são energias diferentes.

Quanto ao caso dos Agentes de Pastoral Negros (APNs), em sua maioria católicos que pretendem resgatar as tradições negras e reafirmar sua identidade

---

[5]   BURKE, P. *Hibridismo cultural*. São Leopoldo: Unisinos, 2003. pp. 39-63.

cultural, a questão toma um novo colorido. Muitos deles chegaram às portas de uma dupla vivência religiosa, ou de uma experiência irradiada em distintas expressões como consequência de uma opção ético-ideológica prévia. E estão tendo de enfrentar o sério questionamento sobre as fronteiras seguras dessa viagem cristã em busca do resgate das autênticas raízes africanas. A questão é a mesma em qualquer latitude: posso ser aimara e cristão, hindu e seguidor do Evangelho, chinês e participante da missa dominical, banto e crente na ressurreição?

Uma vez admitido com tranquilidade que tais conexões já são feitas na prática, podemos passar a um ponto seguinte: essa situação de fato, e não fabricada artificialmente, que a ciência da religião investiga e explica, também tem algo a ensinar a quem dela se aproxima não apenas do ponto de vista da teologia pastoral, mas também, e muito mais propriamente ainda, da teologia das religiões.

A dupla vivência religiosa é um dos possíveis desdobramentos naturais do diálogo inter-religioso, tendo no limiar o sincretismo.

Se o termo "sincretismo" não é unânime, ao menos há sensíveis reposicionamentos, na pastoral e na teologia católica, quanto à aceitação ou à tolerância da realidade representada pelo termo. Na base dessa nova disposição estão, por exemplo, as decisões do Concílio Vaticano II com relação ao ecumenismo e ao diálogo com as demais religiões.[6] Caso exemplar no Brasil foi

---

[6] Cf. a respeito meu estudo: SOARES, A. M. L. *Revelação e diálogo intercultural*; nas pegadas do Vaticano II. São Paulo: Paulus, 2015.

o de Dom Boaventura Kloppenburg. Até as vésperas do referido Concílio, seus escritos continham um indisfarçável sabor apologético contra espíritas e umbandistas. "Era um sincretismo", confessará ele, mais tarde, "que me parecia inaceitável do ponto de vista de uma vida autenticamente cristã".[7] Anos mais tarde, inspirado no Concílio e referindo-se à Mensagem *Africae Terrarum* de Paulo VI, ele assevera:

> O africano, quando se torna cristão, não renega a si mesmo, mas retoma os antigos valores da tradição em espírito e em verdade. Nós, porém, porque éramos europeus, ocidentais, da Igreja latina (...) incapazes de imaginar uma dança sacra ao toque dos tambores; nós queríamos que o africano, só porque morava ao nosso lado, deixasse de ser africano (...) Era o etnocentrismo total e orgulhoso dos europeus e da Igreja que vinha da Europa. Mas o negro, quando se tornou livre, (...) voltou ao terreiro, ao tambor, ao ritmo de sua origem e aos mitos de sua linguagem. Da profundidade do seu ser (...) irrompeu a velha tradição religiosa da África Negra...[8]

À parte eventuais imprecisões nos termos referentes ao universo afro, o testemunho de Kloppenburg dá o tom das décadas seguintes, como vimos ao comentar a "dupla vivência" de Padre François de L'Espinay, que foi

---

[7] Cf. KLOPPENBURG, B. Os afro-brasileiros e a umbanda. In: CELAM. *Os grupos afro-americanos*. São Paulo: Paulinas, 1982. pp. 185-211.

[8] Cf. Idem. Ensaio de uma nova posição pastoral perante a umbanda. *REB*, 28, pp. 404-417 (aqui: p. 410). O artigo foi reeditado em: *REB*, 42, pp. 506-527. A Mensagem *Africae Terrarum* do Papa Paulo VI foi a público em 29/10/1967.

ministro de Xangô no Ilê Axé Opô Aganju, de Salvador da Bahia. Ou em experiências ainda mais desconcertantes, como a da Comunidade Católica Apostólica de Nosso Senhor do Bonfim, de José Carlos de Lima, conhecido como padre e zelador de santo.

O projeto de Lima é extremamente iluminador. Ele representa um movimento importante em parcelas significativas da população latino-americana e comuns também na África: ancoradas em sua religião e cultura de origem — ou nos traços mais profundos que delas restaram — vão ao encontro do cristianismo para extrair dele tudo aquilo que possa enriquecer sua própria experiência de berço. Não dão a mínima importância para nosso orgulho ocidental ferido. Imaginam que, se há algo bom e verdadeiro na tradição cristã, eles também têm o direito de saborear. A seu modo.

Uma experiência híbrida pode muito bem sinalizar o desígnio divino de se autocomunicar. A teologia deve considerá-la no interior do processo da revelação.

Anos atrás, mesmo sem ter conhecimento das façanhas sincréticas de Padre Lima, o agora São João Paulo II, recebendo em visita *ad limina* alguns prelados brasileiros, destacou em seu discurso a religiosidade popular como tema importante e o sincretismo religioso como uma das principais ameaças. Para o Santo Padre:

> A Igreja Católica vê com interesse estes cultos, mas considera nocivo o relativismo concreto de uma prática comum de ambos ou de uma mistura entre eles, como se tivessem o mesmo valor, pondo em perigo a identidade da fé católica. Ela sente-se no dever de

afirmar que o sincretismo é danoso quando compromete a verdade do rito cristão e a expressão da fé, em detrimento de uma autêntica evangelização.[9]

Diga-se, em primeiro lugar, que da prática de rituais pertencentes a diferentes tradições por uma mesma pessoa não se infere automaticamente que estes tenham idêntico valor ou significado para o praticante. Em segundo lugar, e se bem interpreto a mensagem pontifícia, talvez haja aqui uma margem de diálogo para deduzir que, se o sincretismo não comprometer a verdade do rito etc., ele será bem-vindo. Afinal, como bem sabia o antecessor de Bento XVI e de Francisco, a verdade do rito e a expressão da fé não surgem de uma hora para a outra, e uma autêntica evangelização pressupõe, em longuíssimo prazo, um processo de encarnação do espírito evangélico na vida das pessoas e das comunidades. Ademais, o papa pareceu reconhecer que o único acervo de critérios que o povo possui para julgar se o Evangelho é, de fato, "notícia boa" é sua própria cultura autóctone e, portanto, não pode automaticamente largá-la para se tornar "evangélico".

Os prelados brasileiros poderiam ter informado ao bispo de Roma, naquela ou em outras ocasiões, que o povo do candomblé só pode dizer sim a Jesus quando o compara com Oxalá e os outros orixás – e só compara quem reconhece a pertinência dos dois termos de comparação. Os bispos católicos também poderiam ter contra-argumentado que, em vez de largar o cristianismo

---

[9]   *L'Osservatore Romano*, 1º/02/2003.

para ficar somente com suas entidades protetoras, o povo de santo preferiu – quem sabe, numa prova de amor gratuito – continuar com o "orixá" Jesus, respeitando as rezas católicas. Seja como for, a condescendência afro-popular já é vista em amplos setores do catolicismo como grata surpresa da maneira como Deus se revela, sempre soprando inesperadamente onde quer.

Em várias ocasiões e já há muitos anos, os desdobramentos envolvidos na prática e no exemplo de personalidades como L'Espinay e Simbá têm desafiado a fé, a espiritualidade e o jeito de fazer teologia de muitas pessoas. As conclusões a que, pouco a pouco, se vai chegando não são confortáveis para a igreja-instituição e talvez nem agradem à maioria dos católicos – aqui incluídos os que mantêm uma dupla vivência, ou ainda seguem em "trânsito religioso", mas não o querem admitir reflexivamente.

Como repetimos várias vezes ao longo do livro, é até fácil resgatar o sincretismo como condição sociológica de toda religião, afinal, nenhuma delas, como fato cultural, existe independentemente das várias tradições de que é tributária. Mas o que deduzir teologicamente da opção de um padre católico que nunca entendeu ser preciso apostatar de sua fé originária para abraçar a espiritualidade oriunda dos orixás? Ou o que inferir do testemunho de um zelador de santo que decide cursar Filosofia e Teologia numa universidade católica pontifícia com vistas a enriquecer sua experiência mediúnica de base afro-espírita?

No primeiro caso, o padre católico que vai ao candomblé (ou volta, caso esteja num processo de reassunção de suas raízes étnico-culturais), é plenamente cabível admitir um movimento de sincera condescendência cristã com relação a outras tradições espirituais, sem que isso implique qualquer reajuste à dogmática cristã. Um imperativo ético-afetivo pode sustentar semelhantes experiências, ou o sincero desejo de melhor conhecer o dia a dia dos destinatários da missão. A teologia da libertação deu azo, mas não somente ela, a esse tipo de engajamento solidário.

No entanto, as pessoas envolvidas no processo podem, de fato, vivenciar algum tipo de mudança interior, uma vez que se acham expostas a uma experiência pessoal situada na confluência de vertentes espirituais não coincidentes, e mesmo contraditórias, em mais de um aspecto. Acompanho aqui as considerações de Torres Queiruga, quando este detecta as reais dificuldades em se viver mais de uma "fé", se esta fé "for vivida como o modo radical e integral de se relacionar com o Divino e organizar a partir dele toda a existência".[10] A julgar pela curta duração de uma vida em comparação com longuíssimos processos de interpenetração cultural, o que se pode vislumbrar nessas vivências pessoais não são duas fés profunda e coerentemente vividas, sem confusão, mistura ou separação, mas sinceras e legítimas inreligionações de determinados elementos descobertos no tesouro de outrem. Mesmo na hipótese de censura ou condenação de algum aspecto preterido no poço alheio, devo ter a honradez de admitir que posso não estar

---

[10] TORRES QUEIRUGA, A. *Autocompreensão cristã*; diálogo das religiões. São Paulo: Paulinas, 2007. p. 187.

compreendendo em profundidade minha recém-adotada religião.

O segundo caso, do filho ou zelador de santo que resolve ser seminarista e padre católico, também não deveria causar maiores problemas a uma sensata teologia pastoral. Chega a ser lisonjeiro, nesses tempos de decadência da hegemonia católica, o fato de haver adeptos de outras tradições religiosas interessados em conhecer melhor o cristianismo, eventualmente tomando de empréstimo algumas de suas noções e ritos. Nem seria preciso apelar a uma visão teológica pluralista para ver aí sinais positivos, desde que se tenha o bom senso de levar em conta que tanto do ponto de vista das interações culturais no mundo atual como das características bíblicas da revelação divina, estamos falando de processos de extensa duração. Ademais, à parte o desconforto que iniciativas como a de pai Simbá possam gerar (além da atual impossibilidade jurídica, em sociedades democráticas, de se proibir tais traduções), precisamos admitir que o cristianismo tem sido, ao longo dos séculos, um reconhecido especialista em agir dessa maneira no embate com outras religiões. Como já vimos, ultimamente tem-se chamado essa habilidade cristã de inculturação ou, mais recentemente, de inreligionação. É claro que, quando membros de outras religiões fazem o mesmo com os católicos, estes podem preferir dar outro nome a essa prática, mas nem por isso terão mudado sua consistência ou interferido em seus resultados.

Não é o caso de enveredarmos agora por outros exemplos de inreligionação que parecem de outra ordem, neoesotéricos, e nem se pensam como religião. Tais grupos talvez se vejam refletidos naquilo que Marià Corbí tem chamado de "espiritualidade laica": sem crenças, sem religiões, sem deuses.[11] Não deve escapar ao cientista da religião a encruzilhada em que estamos todos neste início de século, entre o fim das ideologias e a emergência das sensologias, como diz M. Perniola. De um lado, a fé como crença subjetiva e como elemento de coesão social; de outro, uma estranha solidariedade entre a credulidade e o niilismo: tanto faz acreditar em qualquer bobagem e não acreditar em nada.[12] A nova alvorada desses movimentos híbridos[13] pode estar sinalizando uma futura e original reconfiguração do que normalmente entendemos por religião, exigindo de tradições milenares como o cristianismo que escave em seu próprio poço a dimensão experiencial há tanto tempo abafada por conteúdos dogmáticos demasiadamente rígidos e estruturas de governo que sabem ao Antigo Regime. Mas aqui já estamos na borda

---

[11] CORBÍ, M. *Hacia una espiritualidad laica*; sin creencias, sin religiones, sin dioses. Barcelona: Herder, 2007.

[12] PERNIOLA, M. Del sentire cattolico, cit., pp. 34-35. Sobre as idas e vindas da crença e da multiforme credulidade na sociedade europeia contemporânea, um arguto panorama é traçado por J.-Cl. Guillebaud (GUILLEBAUD, J.-Cl. *A força da convicção*; em que podemos crer? Rio de Janeiro: Bertrand Brasil, 2007; ed. orig.: *La force de Conviction*. Ed. Du Seuil, 2005).

[13] Conferir meu estudo: Para além do Vaticano II: extraterrestres, "messianismo new age" e religião. In: MOREIRA, A. S.; RAMMINGER, M.; SOARES, A. M. L. (org.). *A primavera interrompida*; o projeto Vaticano II num impasse. Panamá: Servicios Koinonia, 2006. pp. 107-117.

de outro estudo, ainda em andamento, que pretendo publicar em breve.

Os casos estudados até agora são, cada qual a sua maneira, provocadores de rearranjos na autocompreensão cristã. Saber quem tem direito ou poder para conduzir esses inevitáveis processos de doação e recepção de signos (significantes condutores de significados) passa a depender, evidentemente, da perspectiva ou instituição a partir da qual os olhamos. O candomblé inreligionado de pai Simbá será algo diferente do cristianismo no qual ele bebe e não tem por que ser cristianizado à força. Sua espiritualidade sai modificada e enriquecida dos componentes cristãos que adotará. Por sua vez, é de se esperar que algo similar aconteça com o cristianismo inreligionado na Índia, na África, entre as nações latino-americanas e mesmo entre os nativos americanos.[14] Sem perder sua fé-eixo, a mensagem cristã hibridiza-se nas metáforas que aprende de outras religiões, embora não abra mão de sua força metonímica. De sua parte, porém, também as cosmovisões nativas americanas ou aquelas de origem africana são desafiadas a levar em conta o que, por bem ou por mal, chegou até elas da cosmovisão europeia.

Algo menos arriscado é impossível, pois, de um lado, o caráter missionário de levar a Boa-Nova é irrenunciável

---

[14] Ver o caso de Black Elk, catequista católico e xamã *oglala lakota*: cf.: NEIHARDT, J. G. *Black Elk Speaks*; the complete edition. Lincoln: Univ. of Nebraska Press, 2014 (1. ed.: 1932). Ver também a igreja evangélica dos terenas, aqui no Brasil, e tantas outras experiências que já se tentou agrupar sob o guarda-chuva de uma teologia índia [Eleazar Lopez, Diego Irarrázaval...].

para o cristão, e, de outro, "todas as culturas são hoje culturas de fronteira" (Nestor Canclini), sendo a história de todas elas "a história do empréstimo cultural" (Edward Said). Não temos, pois, outra dimensão disponível para armar nossas tendas.[15]

A natureza híbrida das experiências religiosas a partir da interfaith theology

Não se pode ignorar as múltiplas vivências e o trânsito religioso neste planeta cada vez mais globalizado e "enredado" (web). É bastante sedutor a alguém que escolha permanecer dentro de determinada tradição teológica, e aceite a incumbência de reformular a explicação teológica de sua religião nesse novo contexto, lançar mão do pensamento *interfaith*. Este parece ser a modalidade de pesquisa e reflexão mais adequada para enfrentar a pergunta suscitada por tais experiências. Uma teologia do sincretismo tratará exatamente disto: é possível que uma pessoa ou grupo social vivenciem simultaneamente mais de uma fé? Ou ainda: a mesma fé suporta concretizações distintas (*fé sincrética*)?

A dúplice resposta tradicional não é desconhecida. Fiéis a nossa herança grega, sempre soubemos responder, em nome do princípio de não contradição, que há deficiência intelectual quando se escolhem concomitantemente sistemas (noéticos) de crença que sejam

---

[15] Autores mencionados por: BURKE, P., *Hibridismo cultural*. São Leopoldo: Unisinos, 2003. p. 13.

claramente distintos. Mas também é possível admitir, sem grande abalo para as grandes tradições ocidentais, que, ao atingir certo nível de profundidade espiritual, consigamos relativizar pendências conceituais em benefício de clarividências éticas ou puramente místicas. Os exemplos aqui relatados de Padre François L'Espinay entre os nagôs da Bahia e as vivências dúplices de agentes de pastoral cristãos iniciados nos orixás cabem nessa demarcação ética e/ou mística. Do lado da igreja-terreiro de pai Simbá, talvez os teólogos cristãos possam alegar como atenuante, numa tentativa de leitura positiva a favor da ortodoxia católica, um movimento invertido da primeira resposta, a saber, Padre Lima/Simbá estaria buscando a superação de algumas, por assim dizer, aporias das tradições mediúnicas por ele frequentadas graças à aproximação da linguagem conceitual-dogmática do cristianismo.

Mas nada disso é o que estamos perguntando aqui. Falamos de pessoas e grupos que fizeram uma opção espiritual conscientes de que pretendem se alimentar de noções conceituais que são irredutíveis entre si ou decidiram seguir rituais litúrgicos que conduzem a opções éticas que não parecem ser equivalentes. Tanto Padre L'Espinay como pai Simbá poderiam, individualmente, possuir essa consciência, embora nenhum dos dois, até onde me consta, tenha propugnado essa "terceira via". Seja como for, para descrever qualquer fenômeno ou construto menos radical, já contamos no "teologuês" com palavras mais bem-comportadas como *ecumenismo*, *diálogo inter-religioso*, a já ortodoxa *inculturação* e a debutante *inreligionação*.

A teologia do sincretismo religioso é ou poderá desaguar numa teologia inter(trans-)confessional (interfaith theology)?

Quando se fala de teologia do sincretismo, é possível entender esse genitivo como complemento nominal ou como adjunto adnominal. No primeiro caso, trata-se de um discurso formalmente teológico cujo escopo é construir juízos de valor sobre os fenômenos sincréticos à luz de determinada mediação hermenêutica. Religiões monoteístas fundadas na crença de que o mistério absoluto comunica-se com a relatividade humana localizável no tempo e no espaço, acabarão tendo de considerar teologicamente eventuais benefícios e limites de uma espiritualidade híbrida.

Mas o genitivo suporta uma segunda acepção – aliás, cronologicamente anterior à que explicamos no parágrafo anterior. Esta consiste em reconhecer o sincretismo *de fato* e estudar sua lógica interna. Identificar a(s) teologia(s) subjacentes aos fenômenos de hibridismo cultural e religioso é o que se espera da ciência da religião. Esse cuidado prévio livrará o teólogo da apologia ingênua de práticas sincréticas de outrora, tantas vezes decorrentes da violência com que o cristianismo e/ou o islamismo impuseram aos povos autóctones. Sob tais condições, às pessoas só restavam práticas enviesadas e fragmentares de suas tradições de origem.

Até aqui, porém, não estaríamos propriamente no âmbito de uma reflexão interconfessional (*interfaith*).

Certa teologia do sincretismo poderá até julgar de forma mais ou menos inclusiva os resultados aferidos pela ciência da religião, sem com isso se deixar provocar e modificar por eles. Poderá mesmo rejeitá-los como incompatíveis com a fé cristã. Mas o que fará toda a diferença será a prática. E esta já vem encetando, a duras penas, um novo caminho: líderes cristãos do movimento negro optam por resgatar sua identidade ancestral e se perguntam até que ponto convém avançar na busca de suas autênticas raízes africanas. O mesmo ocorre na encruzilhada das mais diferentes religiões, quando topamos com zen-católicos, *aimaras* cristãos, hindus seguidores do Evangelho, chineses iniciados no candomblé, *bantos* crentes na ressurreição ou até mesmo, quem sabe, judeus recitadores do Corão.

Para que este teólogo, disposto a contribuir com uma reformulação dos parâmetros teológicos de sua tradicional instituição religiosa, construa uma consequente teologia do sincretismo, é preciso levar a sério os dados fornecidos pela ciência da religião, a saber, que tais conexões interculturais e inter-religiosas são vivências cotidianas e não caprichosas invenções de algum teólogo ou teóloga. O fato novo será a eventual constatação de que as categorias tradicionais cristãs não dão mais conta do que se descobrirá no redemoinho formado pela confluência de diferentes mares de espiritualidade.

A *interfaith theology* aprende do sincretismo que não há etapas rumo a esta ou aquela religião total, pois nenhuma fé ou espiritualidade esgota o Sentido da Vida.

Uma experiência religiosa híbrida pode ser reconhecida por dada teologia (cristã ou não) como sinal do desígnio divino de se autocomunicar. Entre "falar" às pessoas e ser mal compreendido ou simplesmente se "calar", deixando-as totalmente às cegas, várias religiões são unânimes em afirmar que a divindade (ou quem quer que administre o plano espiritual) optou por dizer a elas algo, apesar do risco inevitável de pôr tudo a perder. Desse modo, o sincretismo poderia consistir numa bem-vinda terapêutica para certas escleroses dogmatistas das religiões monoteístas. Ele torna imediatamente evidente onde está o problema teológico básico dessas tradições: a revelação de Deus comporta ambiguidades, erros e contradições que são inevitáveis graças à maneira humana de aceder à Verdade.[16] Mas ao mesmo tempo, como propuseram os redatores da *Dei Verbum*, a própria doutrina cristã aceita como dado de fé que uma segura e verdadeira pedagogia divina permeia todo o trajeto.

Pois bem, como ler teologicamente as experiências sincréticas? A teologia pode fazer o esforço de pensar uma situação *entre as fés* ou uma fronteira comum ainda livre das demarcações religiosas institucionais. Mas que tipo de fé está disponível nessas *borderland*? Se os colegas teólogos quiserem considerar uma sugestão vinda do cientista da religião, gostaria de brindá-los com uma categoria operativa que talvez ajude teólogas e teólogos, cristãos ou não, a entender o que está acontecendo com o cristianismo e à sua volta. Eu a chamo de *fé sincrética*, inspirado na díade *fé-ideologia* proposta por J. L. Segundo

---

[16] Cf. SEGUNDO, J. L. *O dogma que liberta*. São Paulo: Paulinas, 2000. pp. 141-144.

e traduzida por Hermilo Pretto como *fé política*.[17] O escopo dessa díade é articular, no interior de uma mesma experiência de fé/opção de vida, duas forças distintas embora possivelmente complementares: de um lado, o quê de absolutez suposto nos valores fundamentais que norteiam escolhas aparentemente contraditórias de significantes religiosos (dimensão fé); de outro lado, a relatividade dos resultados efetivamente atingidos (dimensão ideológico-sincrética).

No fundo, seja qual for o termo predileto do leitor, é preciso identificar o modo mesmo de uma fé se concretizar ou ser traduzida, uma vez que não existe fé em estado puro; ela só se mostra na práxis. Aqui entendo como praticamente sinônimos o sincrético, o histórico, o concretizado e o traduzido. O que procuro evitar quanto possível é simplesmente chamar esse processo de inculturação, pois existe aí uma diferença de trajeto, ou seja, o ponto de vista de onde se observa a criatividade religiosa do povo em ação. Quando digo *fé sincrética*, tenciono salientar a experiência de sentido já atuante nas várias tradições culturais antes, contra ou

---

[17] PRETTO, H. E. Fé política. *Vida Pastoral*, 121 (1985), pp. 2-8. Para H. Pretto, já existe na América Latina uma consciência, embora minoritária, de uma fé essencialmente política. Todavia, esse *novum* suscita evidentemente forte resistência dentro e fora dos círculos eclesiásticos. O autor apresenta três fatores que explicariam tal resistência: (a) a não aceitação da radical ambiguidade da vida, que induz as pessoas a sonharem com o fim da História e a concretização da utopia; (b) a consequente busca de espaços paralelos (fé), sem ambiguidade, ou ainda a crença na existência histórica de heróis (santos ou revolucionários) absolutamente inequívocos; (c) a ingênua crença nas duas histórias: uma sagrada e pura, porque conduzida por Deus; outra profana e pecaminosa, cujo autor é o ser humano.

mesmo apesar do contato com as comunidades cristãs, sustentando em suas mais ou menos discretas transformações as livres escolhas e seleções (algumas, ainda na fase das justaposições) que cada indivíduo ou grupo social vai fazendo. Pensar que as pessoas tenham antes que deixar entre parênteses sua história de vida, sua cultura e religião para, só depois, em algum tipo de experiência *sui generis*, entrar em comunicação autêntica com o Deus verdadeiro é, de um lado, desabonador do que, se supõe, seja a livre e amorosa decisão divina de vir ao encontro da raça humana a qualquer custo, e, de outro, significa ceder ao que outrora já fora percebido pela teologia patrística como pelagianismo: o "descomedimento" de pretender chegar à salvação plena na solidão das próprias forças, sem nenhum amparo da divina graça.[18]

Como diz, quase poeticamente, Torres Queiruga,

> a história da revelação consiste justamente nisto: em ir Deus conseguindo que esse meio opaco e impotente para o infinito, que é o espírito humano, vá captando sua presença e se sensibilize para sua manifestação, entrando assim em diálogo com sua

---

[18] Por isso é extremamente feliz a expressão "maiêutica histórica", proposta por Torres Queiruga em sua já citada obra *Repensar a revelação: a revelação de Deus na realização humana*. O que a revelação revela aos cristãos no hoje da história humana é o que, desde sempre, o ser humano já era mesmo antes de o saber: ele é amado por Deus. E esse segredo banha cada sequência do DNA humano, cada cômodo de sua casa cultural, até mesmo os subprodutos que, segundo o apóstolo Paulo, um dia serão queimados como palha (1Cor 3,13-17).

palavra de amor e acolhendo a força salvadora de sua graça.[19]

O resultado dessa progressiva descoberta dos cristãos de que o divino amor esteja no interior do ser humano não cabe numa única jurisdição religiosa ou filosófica. A própria tradição cristã o intui em diversos momentos, como quando recorda as palavras do Mestre: "No lar de meu Pai muitos podem viver".

"No va para ningún lado quien no sabe donde está".[20]

Em seu trabalho *O futuro da cristologia*, Roger Haight arrisca predizer o rumo que poderá tomar o desenvolvimento dessa disciplina apelando para três metáforas. A primeira é espacial: "a concepção científica da origem do universo" possibilita "interpretar a criação contínua de Deus (...) como uma presença divina e força criativa interna ao próprio processo", levando-nos "a pensar em um quadro referencial teocêntrico, distinto do arcabouço cristocêntrico". A segunda imagem é temporal: a história e as ciências duras estão forçando-nos a uma compreensão processual da realidade que, cada vez mais, torna evidente que estrangeiros de outrora são hoje "membros de minha comunidade humana de uma maneira nova, concreta e prática", de sorte que pleitear o cristianismo como a única religião verdadeira seria, nas palavras de E. Schillebeeckx, "uma virtual declaração de guerra a

---

[19] TORRES QUEIRUGA, A. *A revelação de Deus*. São Paulo: Paulus, 1995. p. 408.

[20] O verso é do compositor porto-riquenho Gilberto Santa Rosa (apud ESPÍN, O. *Grace and humanness*; theological reflections because of culture. Maryknoll-NY: Orbis Books, 2007. p. x).

todas as outras religiões". Assim, pode-se esperar que, aos poucos, ideias *a priori* de superioridade deem lugar a uma "aceitação *a priori* do que Deus está fazendo em outras religiões como equivalendo, em seus contextos, mais ou menos ao que Deus fez em e através de Jesus".[21] A terceira dinâmica proposta por Haight considera que novas informações e experiências são constantemente englobadas por nós e expandem nossos horizontes, terminando por nos fazer revisar, a todo momento, nossas posições acerca de qualquer assunto. A gradual aceitação do pluralismo é um desses casos e vai fazendo com que as pessoas leiam de forma positiva as demais religiões, à medida que reconheçam "Deus como Espírito atuando em seus adeptos" e concluam que "uma pluralidade de religiões proporciona 'mais' revelação de Deus que uma só religião particular poderia fazê-lo".[22]

A intenção de Haight é mostrar, por meio dessas três sugestões, a possibilidade de uma cristologia futura reafirmar a divindade formal de Jesus Cristo sem solapar a integridade de sua humanidade. Isso já é feito graças ao contexto sempre mais inter-religioso em que as igrejas cristãs (não só elas, claro) têm de viver, e que já as obriga a explicar quem é Jesus começando quase automaticamente a explicação com um relato sobre a "pessoa histórica" de Jesus de Nazaré. Por outro lado, se os cristãos se abrirem sinceramente ao que outras

---

[21] Schillebeeckx foi citado por: HAIGHT, R. *O futuro da cristologia*. São Paulo: Paulinas, 2008. p. 164, nota 8; os demais excertos: pp. 163 e 164.

[22] Ibidem, p. 164.

experiências religiosas podem lhes ensinar (embora nem sempre elas façam muita questão disso, como no caso das tradições de matriz africana), talvez isso os leve, um dia, a concluir que "nós, pessoas cristãs, por intermédio de Jesus, [e sem precisarmos abdicar desse Jesus] ficamos sabendo o que Deus está fazendo no mundo todo através de várias religiões". Isso poderá levar as comunidades cristãs a uma ratificação realista, mas não exclusiva, da divindade de Jesus, ou seja, embora "atue em Jesus de uma forma distintiva e historicamente singular", o Divino "também pode estar presente e atuante em outros símbolos históricos de Deus que igualmente são singulares".

O que R. Haight está sugerindo é exatamente isto: que, talvez, no futuro, uma cristologia decididamente ortodoxa seja capaz de afirmar que Jesus é divino de uma maneira tal que não exclua a divindade de mediadores oriundos de outras tradições espirituais. Mais: uma consciência pluralista futura poderá julgar "que restringir a divindade a Jesus signifique ser infiel à revelação de Deus mediada por ele".[23]

Torres Queiruga para bem antes de Haight e admite apenas "a autocompreensão do cristianismo como *culminação definitiva* da revelação de Deus na história". Mas não sem antes pavimentar o terreno com, pelo menos, três novas categorias suficientemente elásticas para possibilitar ao pensamento o avanço nos limites do ortodoxo na direção pluralista. Ele propõe ser pertinente

---

[23] Ibidem, respectivamente pp. 167 e 168.

um "pluralismo assimétrico" que dê conta do diferente sem inferiorizá-lo, pois, afinal, sendo a revelação um processo histórico, não é dito que, por verem algo, estejam todos vendo tudo na mesma medida e clareza. Em seguida, invocando o realismo devido aos novos tempos de intensa pesquisa bíblica e crescente contato inter-religioso, T. Queiruga apresenta o "teocentrismo jesuânico" como garante do delicado equilíbrio entre a centralidade de Deus e o papel único e irrenunciável da figura histórica do Nazareno – que se concentra basicamente na sua proposta de Deus como amor ilimitado e perdão incondicional. A terceira categoria, que venho adotando ao longo deste livro, é a "inreligionação", sem dúvida, um evidente avanço com respeito a sua prima-irmã "inculturação".[24]

Queiruga consegue, dessa forma, ver com bons olhos um "ecumenismo *in fieri*" que já faz com que "as instituições cristãs [estejam] real e verdadeiramente presentes [como no caso da comunidade híbrida de pai Simbá] nas demais religiões, da mesma forma que estas [práticas ancestrais dos antigos "bárbaros", rituais enquistados no catolicismo popular] estão presentes na religião cristã".[25] Por outro lado, creio que a direção

---

[24] TORRES QUEIRUGA, A. *Autocompreensão cristã*; diálogo das religiões, cit., respectivamente, pp. 191; 93-102 (pluralismo assimétrico); 102-122 (teocentrismo jesuânico) e 167-188 (inreligionação).

[25] Ibidem, p. 195. A expressão "ecumenismo *in fieri*" merece o mesmo cuidado sugerido antes para "macroecumenismo" (Cf. CATÃO, F. *Falar de Deus*; considerações sobre os fundamentos da reflexão cristã. São Paulo: Paulinas, 2001. pp. 208-209).

vislumbrada por Haight para os próximos desenvolvimentos cristológicos já represente a iminência de um novo patamar do discurso teológico – justamente, a *interfaith theology*.

Esta decorre dos resultados da teologia cristã contemporânea, que redescobriu a revelação divina como um processo histórico, com etapas que têm seu sentido próprio (*Dei Verbum* 15: a pedagogia divina), mas não são definitivas. Nesse processo, o povo bíblico (autores e comunidades leitoras) sempre procurou modular em linguagem humana o sopro e as ressonâncias do divino mistério. Daí provêm a força e a fraqueza do umbral cristão: este depende intrinsecamente de uma experiência ineludível que só tem sentido se o indivíduo a fizer por si mesmo. E nem é garantido que o resultado deva necessariamente se configurar como uma comunidade nitidamente cristã (ao menos, nos moldes em que a podemos descrever hoje). Mesmo que o fosse, isso não eliminaria os inevitáveis percalços da tradução concreta desse encontro, ou seja, da espiritualidade cotidiana dos adeptos de dada comunidade de fé.

Tal ambivalência não é em si um defeito; fomos constituídos assim. Por isso, as experiências sincréticas podem também ser assumidas teologicamente como variações de uma experiência de amor. E se fazem parte da revelação as maneiras como os povos foram e continuam chegando, tateantes, a seus *insights*, o sincretismo só pode ser a história da revelação em ato, pois consiste no caminho real da pedagogia divina em meio às invenções religiosas populares.

Que teologia daria conta de traduzir conceitual e adequadamente uma experiência como essa? Não precisamos ser afoitos em respondê-lo para não acabar confundindo o rolo compressor eclético do "tudo cabe" com a intuição universal e pluralista de que "todos cabem". Pode ser um trunfo nesta fase reconhecer que nem teria sido pensável uma teologia inter ou transconfessional se não fossem os passos prévios dados pelo pensamento ocidental. A pergunta e as dificuldades de uma "teologia *entrefés*" decorrem do caudal monoteísta trinitário que as gerou.[26]

Creio que esta última consideração sela o limite além do qual a teologia cristã mais ortodoxa não poderá seguir sem sentir que está banalizando a própria busca. O projeto teológico *interfaith* assinala uma encruzilhada. Não parece epistemologicamente difícil avançar na proposta de uma ética (H. Küng) ou *ethos* (L. Boff) mundial; e será sempre simpático enveredar por um caminho místico que supere as demarcações teo-*lógicas* (R. Panikkar). Também é aparentemente fácil descartar versões de pluralismo religioso como as divulgadas em *blockbusters* da trilogia *Matrix*. Mas a teologia – ou, mais precisamente, no caso católico, o Magistério ordinário da Igreja romana – ainda se deixa reter do lado de cá pela velha noção de verdade.

---

[26] Quanto aos perigos e questionamentos a uma teologia entrefés que possam provir de teólogos originários de outras tradições religiosas além da cristã, não tenho competência para elencá-los aqui. Mas o convite a que se pronunciem a respeito segue em aberto.

Um autor assumidamente *interfaith* como J. M. Sahajanada propõe que "a verdade não pode ser definida, porque cada definição da verdade é como um túmulo e somente os mortos são postos em túmulos".[27] Entender isso é avançar pelos caminhos da sabedoria, pois "a sabedoria nasce de uma mente virginal, em que o poder do conhecimento é silenciado".[28] É óbvio que, para aceitar tais asserções, convém que a *teologia normal* [aludindo a Th. Kuhn] assuma, com H.-C. Askani, que a reivindicação da verdade tem na filosofia diferente significação do que numa religião. Na primeira, "a reivindicação implica e exige a confrontação e o diálogo entre as filosofias. Na religião, no entanto, há uma maneira de se sentir obrigado e de se comprometer que é tão forte, tão extrema, tão única, que cada comparação seria, por isso mesmo, uma *indiscrição* profunda".[29]

Contudo, aqui estamos justamente focando aqueles intelectuais que se arriscam a cometer essa indiscrição, ou seja, aqueles que ambicionam elaborar uma reflexão ou especulação acerca da suposta "realidade última" que parta dos dados oferecidos por determinada tradição espiritual – em geral, referendados por um acervo coerente de escritos – que pode, ou não, chegar à adoração dessa

---

[27] No original: "truth cannot be defined because every definition of the truth is like a tomb and only the dead are put into tombs" (SAHAJANADA, J. M. *You are the light*; Rediscovering the eastern Jesus. Winchester (UK): O. Books, 2006. p. 813).

[28] A "wisdom is born of a virginal mind, in which the power of knowledge is silenced" (ibidem, p. 149).

[29] Askani é citado por: TORRES QUEIRUGA, A. *Autocompreensão cristã*, cit., p. 96.

realidade afirmada.[30] De outra parte, uma linguagem apta a furar bloqueios meramente ideológicos ou axiológicos é a eficiente linguagem científica. Inábil para nos dizer a verdade de modo cabal, ela pode, sim, desmascarar pretensas verdades e superar impasses que as viseiras religiosas e dogmáticas não conseguem destrinçar sem anátemas ou derramamento de sangue.

Não há como fazer previsões sobre o que virá nas próximas décadas e mesmo no século vindouro. Mas, pelas pesquisas que tenho feito ultimamente, estamos na iminência de uma nova aliança entre espiritualidade e ciência, estreitando com isso, quiçá, os intercâmbios entre teologia e ciência da religião. Realidades como as vivências espirituais sincréticas estão literalmente rompendo diques e tornando porosas fronteiras onde pode estar nascendo uma nova possibilidade de se reeducarem como seres humanos tanto as pessoas religiosas como os grupos mais céticos.

Pode ser apenas uma expressão do que eu espero que aconteça. Ao menos é o que escolhi acreditar dentre o universo de possibilidades que se abrem.

---

[30] A teologia, embora possa questionar um ou mais dados ou a interpretação destes que lhes chegam via tradição, não questiona a tradição em si. Aliás, é premissa da reflexão teológica admitir a tradição como consistente doadora de sentido, isto é, como fonte com razoáveis chances de ser verdadeira por remontar a um conjunto coerente de testemunhas referenciais, por sua vez conectadas a uma origem ontológica presumida.

Impresso na gráfica da
Pia Sociedade Filhas de São Paulo
Via Raposo Tavares, km 19,145
05577-300 - São Paulo, SP - Brasil - 2017